賃貸氷河期

でも賃貸マンションを建てますか?

賃貸創造研究所著

クラブハウス

◆はじめに

日本の賃貸不動産マーケットは、その時々の経済状態や政治などの影響を受けながら、刻々と変化を遂げてきました。

たとえば、今から30年ほど前、不動産屋の店先では、部屋を借りに来た人の職業が飲食業、建設業などの比較的、収入が安定しない部類の仕事だとわかると、とたんに社員が態度を一変させるような風景がよくみられました。

当時は需要に対して供給がまったく追いついておらず、お客さん10人に対して貸せる部屋が4つ程度しかなかったため、不動産業者は公務員や大企業の社員など、条件のいい人だけを相手にしていればよかったからです。

当時は、風呂ナシで3万円のアパートでも、2年の更新ごとに必ず家賃を500円上げるという慣例がありました。

その500円の値上げは、入居中の人に対するもので、退去があれば次の募集では2000円ほど家賃をアップできました。当然、礼金・敷金もいただけましたから、オーナーは入居者が出て行ってくれるほうがむしろ儲かるという状況でした。

戦後から1990年頃までそのような状態は続きました。

「建てれば儲かる」
まさに、そんな時代でした。

しかし、1990年代に入り、バブル経済が崩壊した頃から、状況は様変わりしました。家賃は上がるどころか、現状維持ができれば十分。値下げをしてもなかなか空室が埋まらない。そんな状況が、日本のあちこちの街で見られるようになったのです。

詳しくは本書の中で述べますが、様々な要因が重なったことで、この頃から日本の賃貸業を取り巻く環境は変わりました。

そして2007年に発生したリーマンショックで、マーケットはまた大きなインパクトを受けました。

入居者からの値引き交渉が相次ぐ。

礼金どころか、敷金や更新料まで受け取るのが難しくなる。

このような現状を前に、何もしなくても満室という状態に慣れていたオーナーたちの多くが、何が起きているのかと戸惑い、将来に対する不安を募らせています。

ハッキリいいましょう。

現在の賃貸市場は、「賃貸氷河期」と表現するにふさわしいシビアな時期に突入しています。残念ながらこの現象は一時的なものではなく、今後、年を追うごとに一層厳しさを増していくはずです。

すでに、賃貸市場の需給バランスは崩壊しているのです。


実は、私たちはまだまだ貸し手市場だった1978年当時から、1990年頃には借り手と貸し手の需給関係が逆転することを予想していました。

しかし、私たちがそのデータをもとに、

「建てれば埋まるという時代は終わっていますよ」

と伝えても、オーナーたちは聞く耳を持ちませんでした。

それどころか、

「いやいや、埋まらないのは不動産屋のせいでしょう?」

という返事が返ってくる。

そんな時代が20年も続きました。

その間に、全国的に賃貸マンションの空室は増え、地方ではワンルームの家賃が2万円を切るような事態に陥りました。

今まで、オーナーたちは、あまりにも呑気だったといえます。しかし、それを悔やんでも、今さらどうすることもできません。


空室が当たり前になった時代に、日本の不動産賃貸業はどこに向かうのでしょうか？

そして、この先の不動産オーナーは、何をすればいいのでしょうか？


本書は、一人でも多くのオーナーさんが、将来にわたり安心して賃貸業を続けるための新しい一歩を踏み出してもらうために書いたものです。

そのためにはまず、現実から目を逸らさずに、事実を受け入れる覚悟を持ちましょう。空室の数は全国的に増えているのに、新しい賃貸マンションは次々と建てられています。このまま何もしないでいれば、少子化で定員割れが続出している大学産業と同じような苦しみを、オーナーたちは味わうことになります。

本当の苦境に陥ったとき、助けてくれる人は、誰もいません。

この賃貸氷河期を乗り越えるためには、自分自身の頭で考え、新たな一歩を踏み出す必要があるのです。

賃貸創造研究所

目次

はじめに……2
第1章　賃貸氷河期はすでに始まっている……13
1　部屋を借りる人の数はこの先も減り続ける……14
2　年を追うごとに増える空室と上がる空室率……18
3　家賃はこれからも下がっていく……22
4　それでも新築マンションは増え続ける……24
5　なたのマンションと隣のマンションとの違いはどこにあるのか?……27
6　参入障壁の低い差別化物件はすぐに陳腐化する……29
7　勉強しない大家は生き残れない……31

第2章　土地活用の相談窓口に行って儲かるのは誰か？……35
1　相談相手を間違えることの危険性……36
2　自行のメリットしか考えない銀行員の身勝手……40
3　ノルマに追われるハウスメーカー営業マンの本音……44
4　資産運用を知らない税理士の知識レベル……48
5　自社の得意分野で提案が変わる不動産会社……51
6　大家の利益より自己顕示欲を優先する建築家の傲慢……53
7　建てれば埋まる時代しか知らない親の時代錯誤……55
8　誰が相談しても同じ答えになるひもつきコンサル会社の裏の顔……57

第3章　マンションの企画ばかり提案されるのはなぜか？

第3章　マンションの企画ばかり提案されるのはなぜか？……59
1　「建てない」という選択肢を無視した土地活用の提案者……60
2　土地の特性は無視して業者の都合でプランが決まる……64
3　事業規模の大きさが提案会社の利益の大きさになる……66
4　建物の投資効率より自己満足度を優先する大家の愚……68
5　「知らなかった」ではすまされないマンションオーナーの悲劇……72
第4章　大家だけが知らないサブリース事業のカラクリ……77
1　サブリース契約は本当に得なのか？……78

2　相見積もりを取って初めて知る高額な建築費……82
3　サブリース会社が保証家賃を相場より高くできる理由……84
4　いったい何を保証してくれるのか？「長期保証」のカラクリ……86
5　サブリース会社が破綻するというリスク……90

第5章　それでもあなたは賃貸マンションを建てますか？……93
1　リスクを知ることで知恵と工夫が生まれる……94
2　それでも「やめたほうがいい」と断言しない理由……96
3　工事費を5～10％増やせば売りのあるマンションができる……98

4　所有するより豪華な賃貸があってもいい……102
5　お金をかける場所を間違ってはいけない……106
6　短期間なら住んでみたいという賃貸住宅のニーズ……108
7　デザイン性の高さを標準仕様にする……112
8　ターゲットに情報を届ける仕組みはあるか？……116
9　理想は「引っ越してでも住みたくなる家」……118
10　コンサルティングパートナーの必要性・重要性……120
おわりに……123

第1章　賃貸氷河期はすでに始まっている

1 部屋を借りる人の数はこの先も減り続ける

日本の人口は２００４年をピークに減少に向かっています。

そのこと自体は、多くの方がご存知でしょう。

しかし、その減少のスピードまで把握している人はあまり多くないようです。

その証拠に、「２０５０年の日本の人口は、約９５００万人になると予想されているんですよ」という事実を大家さんに伝えると、

「え？　そんなに少ないんですか？」と驚かれる方も珍しくありません。

図は、国土交通省がまとめた２０５０年までの人口予測です。

それによれば、日本の総人口は２００４年をピークに、今後50年間で１９５０年頃の水準に戻っていくとされています。

具体的には、２００４年に1億２７８４万人だった日本の人口は、２０３０年に1億１５２２万人、２０５０年に９５１５万人となり、年を追うごとに減少していきます。

この単位は千年単位で見てもきわめて急激な変化で、経済をはじめとした多方面に大きな

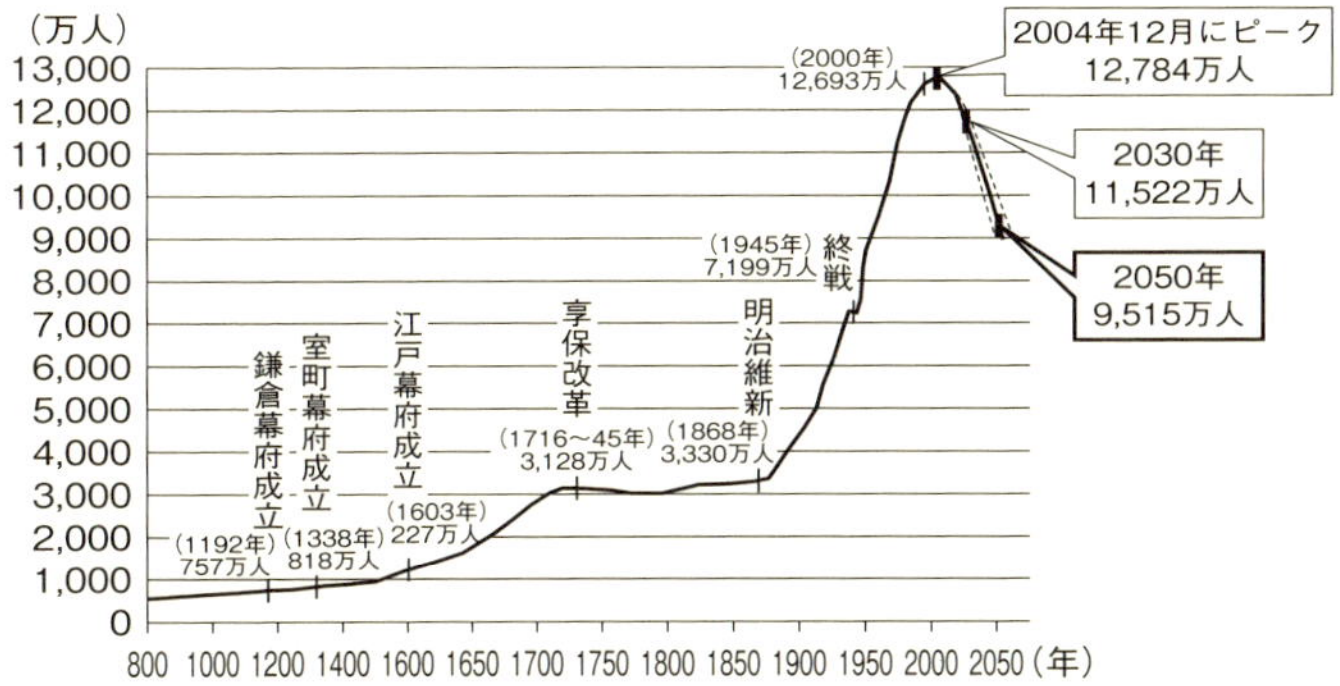

(出典)総務省「国勢調査報告」、同「人口推計年報」、同「平成12年及び17年国勢調査結果による補間推計人口」、国立社会保障・人口問題研究所「日本の将来推計人口(平成18年12月推計)」、国土庁「日本列島における人口分布の長期時系分析」(1974年)をもとに、国土交通省国土計画局作成

インパクトを与えるのは必至です。

それは、不動産賃貸業も例外ではありません。

しかも、今述べた数字は、「中位推計」という、各種のデータが現在のペースのまま推移した場合の予測であり、今よりも人口減少のスピードが速まると仮定した「低位推計」では、さらに少ない数字が示されています。

日本では、持ち家に住む人と賃貸物件に住む人の割合が半々だといわれています。単純に考えても、人口が減れば、それだけ賃貸物件に住む人の数も減るのですから、この事実だけを見ても、日本の賃貸マーケットはすでに縮小に向かっていることがわかります。

人口が減るという話をすると、海外からの移民が増えるから問題はないという人がいます。

確かに、在日外国人のデータを調べると、1991年の122万人から、2009年には219万人へと、この20年間で倍増しています。

しかし、2011年3月11日の東日本大震災後、海外から日本に来ていた人たちの多くが帰国したように、外国人の賃貸需要は日本人に比べると不安定です。

それに、今後、外国人が数万人ずつ増えていくとしても、日本の人口減のスピードに比べたら微々たる割合でしかありません。

政府の政策がガラリと変わり、移民を続々と受け入れるようになれば、事態は変わるかもしれませんが、そうなる根拠はどこにもありませんし、そんな不確実な未来予測のもとに、ビジネスのプランを立てることは、あまりにも危険です。

部屋を借りる人は、毎年、減り続ける。

これからのマンション経営は、そうなることを前提としながら、事業を運営していく必要があります。

その現実から目を背け、これまでと同じ考えに固執すれば、事態は深刻になる一方です。

2 年を追うごとに増える空室と上がる空室率

地方では年々、空室が増加し、礼金・敷金・更新料を設定できない地域が増えています。さらに、名古屋で家賃3カ月分、札幌で5か月分など、地域によっては仲介業者から膨大な広告料を求められるケースも珍しくありません。

フリーレントも一般的になってきました。3カ月のフリーレントが当たり前になりつつある東北の都市では、フリーレントの部屋ばかりを渡り歩く悪質な入居者もいるといいます。

今のところ、東京や神奈川の空室率は13〜17％程度といわれているため、首都圏の大家さんはそれほど危機感を感じていないかもしれません。

空室が増えるという話をすると、

「地方は大変でしょうね」

と他人事のようにいう都心のオーナーさんもいます。

しかし、この現象は、決して地方に限った話ではないのです。

人気駅から歩いて1分など、立地のいい場所にある新しい物件なら、従来とそう変わらない感覚でいられるかもしれません。その一方で、駅から7分以上の物件、築年数が10年以上経過した物件を持つオーナーさんたちは、

「この頃、空室期間が延びてきた」

「申し込みの段階で、入居者から値引き交渉が入るようになってきた」

といった変化をすでに感じはじめています。


東京には、全国で最も多くの賃貸マンションがあります。人口の減少をハッキリと体感できるような時代になったとき、とたんに都内でも部屋が余りだすはずです。


住居でこれですから、事業系の賃貸はもっと厳しくなっています。

日本で最も人気のある街のひとつ、東京都港区の表参道駅周辺でさえ、賃料相場は近年、大幅に低下しています。

今、表参道でオフィスを探すと、業者のほうから、

「資料には礼金2カ月と書いてありますが、実際はゼロになると思ってくださってけっこうです。あと、フリーレントも数カ月なら可能です」

と値引きの提案をしてきます。

家賃4割引、保証金半額、フリーレント半年分といった交渉を受け入れてもらえることさえ珍しくありません。

かつて、この地域は東京でも一番お金をもっている人たちが集まる場所でした。東京で一番ということは、全国でトップということです。

そこがこれだけ苦戦しているということは、別の地域でも雪崩式に同じ現象が起きることは時間の問題といえるでしょう。

国土交通省による建築着工統計調査によれば、平成11年から平成20年までに、毎年40万戸以上の貸家が着工されました。

一方で、野村総研は２００９年に、２０４０年の住宅の空室率を40％と予測するレポートを発表しています。

家はすでに余っているのに、新しい賃貸マンションが続々と建てられている。

不動産賃貸業にかかわる私たちは、その事実をしっかりと頭に入れておく必要があります。マンション経営は通常、銀行などの金融機関から借金をして建物を建てています。借金が払えなくなれば、他の収入からローンの分を補填しなければいけません。家賃収入で生活している場合は、暮らしそのものがなりたたなくなります。今、多くのオーナーさんは、自分の物件が競売にかかることなど、想像していないことでしょう。しかし、そう遠くない未来には、競売市場に賃貸マンションやアパートが続々と出てくるはずです。

3 家賃はこれからも下がっていく

住む人が減り、物件数が増えれば、当然、家賃も下がっていきます。

また、建てたばかりは新築プレミアムで相場より高い家賃をいただけても、築年数が経過するごとに、賃料が下がるのも一般的です。

つまり、これから建てられる賃貸マンションは、建てた瞬間をピークに、それ以降は賃料が下がっていく運命にあるのです。

加えて、平成9年以降、日本人の収入は年々、減少傾向にあることにも注目しなければいけません。

収入が減れば当然、高い賃料の部屋は余ることとなり、空室を埋めるために、家賃相場は下がっていきます。

図は、国税庁の「民間給与実態統計調査結果」の平成21年版です。

これを見ると、平成9年以降、ずっと低下していた収入が、リーマンショック後の平成21

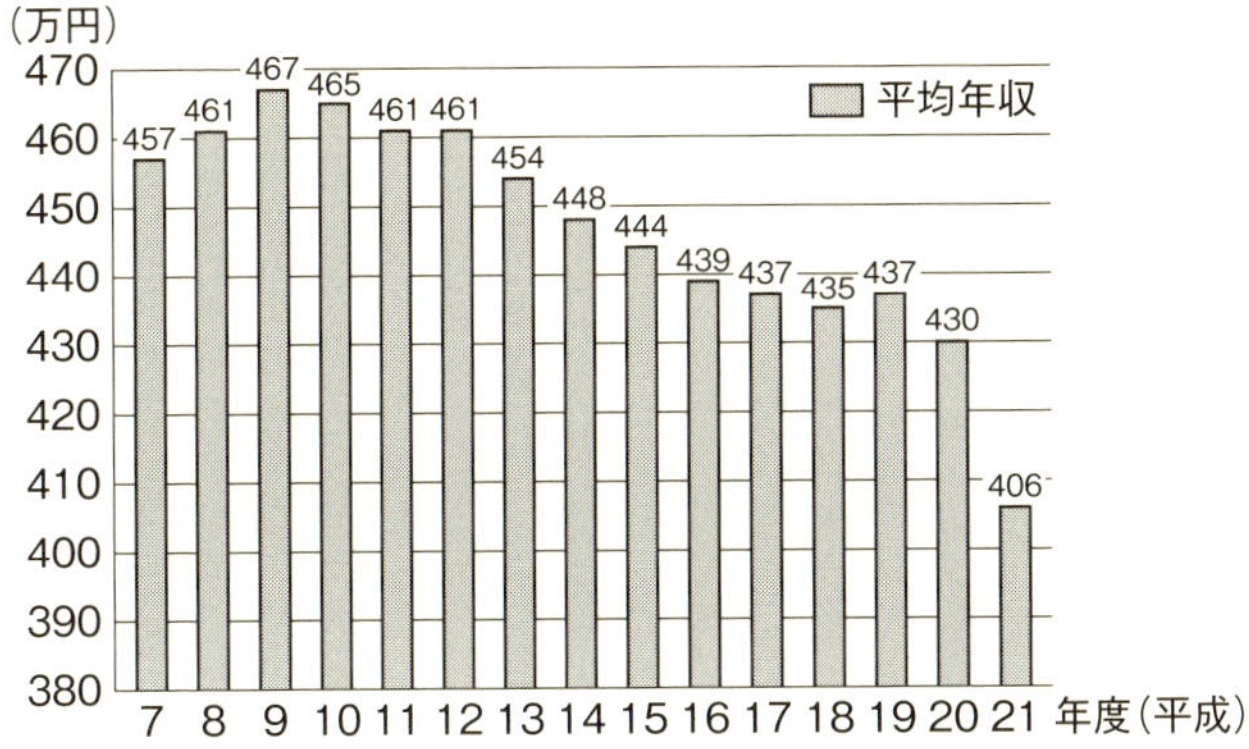

統計元：国税庁 平成21年 民間給与実態統計調査結果

年にガクッと下落していることがわかります。

給与が減少している背景には、正社員として雇用される人々の数が減っていることの影響も否定できません。

この状態が続けば、人々が家賃にかけられる金額も年々、減っていくことは間違いないといえるでしょう。

4 それでも新築マンションは増え続ける

少し前のデータですが、総務省が発表した平成20年度の住宅・土地統計調査の速報値を紹介します。

そのなかで明らかにされたのが、賃貸住宅の「空室率と空室戸数」です。

２００８年の10月１日時点で、日本には２１８３万３００戸もの賃貸住宅があり、空室はそのうちの４０９万２５００戸でした。

空室率は、実に18・７％にも達しています。

ここまで空室が拡大してきた要因のひとつに「低金利」があります。低金利が続くと、借りる側の金利負担が小さくなるために、借金のハードルが下がり、ローンを利用する人が増えます。

その結果、地主が銀行から借金をし、空き地や休耕地にアパートやマンションを建てるという事例が相次いだのです。

借家戸数の推移　　（単位：万戸、%）

年	昭和48	昭和53	昭和58	昭和63	平成5	平成10	平成15	平成20
公営・公団・公社借家	200 (6.9)	244 (5.3)	264 (5.4)	280 (5.3)	288 (5.0)	295 (4.8)	312 (4.7)	301 (4.2)
民営借家	789 (27.5)	841 (26.1)	849 (24.5)	967 (25.8)	1,076 (26.4)	1,205 (27.4)	1,256 (26.8)	1,337 (26.9)

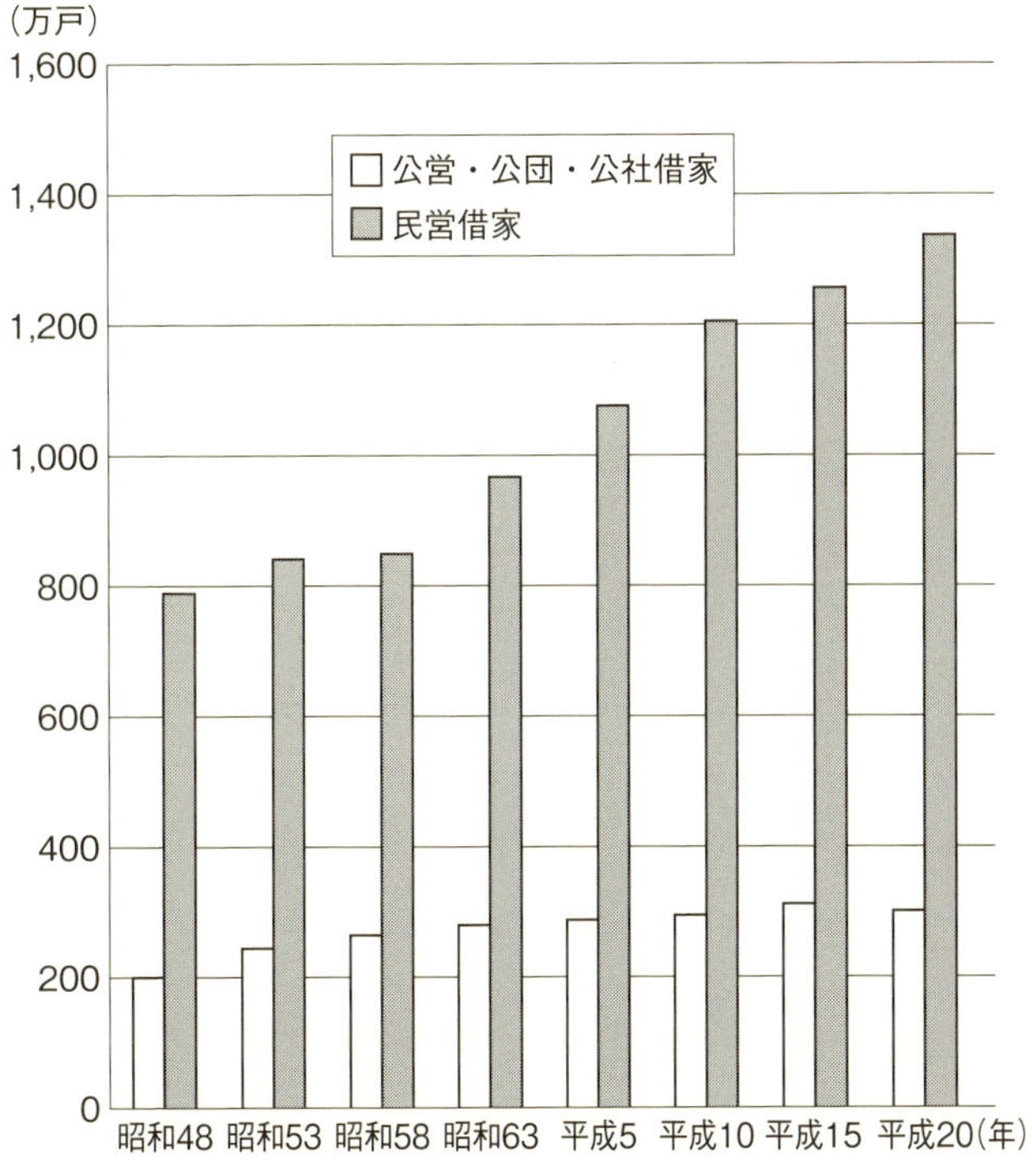

資料：総務省統計局「住宅・土地統計調査」
注：（　）内は全住宅ストック数に占める借家数の割合（%）を示す

前のページの表および図は、賃貸住宅の総数の推移を示したものです。

それを見ると、公営・公団住宅の数は平成15年以降、頭打ちとなっているものの、民間の賃貸住宅はあいかわらず、増え続けています。

すでに住宅は余り、今後、賃貸物件の需給バランスはさらに崩れると予想される中で、この現象は不動産業界、あるいは不動産オーナーたちにとって、あきらかにマイナスです。

しかし、オーナーたちはそれをどうすることもできません。

なぜなら、建てることで儲ける会社がある限り、賃貸マンションが増え続けることは、仕方のないことだからです。

「こんな状態にもかかわらず、有利な条件ばかり並べて、賃貸マンションやアパートを建てさせる営業マンはひどい」

という声を聞くこともあります。

しかし、ゼネコンやハウスメーカーの営業マンたちを責めることは誰にもできません。

彼らの中には、過去にお客さんたちを豊かにして喜ばれてきたという自負があります。それに、自分がお給料をもらうために、自社の商品を売ることはサラリーマンにとっては当然のことです。

5 あなたのマンションと隣のマンションとの違いはどこにあるのか？

今、もっとも空室率が高いのが、特徴のないワンルームマンションです。

20平米程度の部屋に、バスとトイレと洗面所、それに小さなキッチンと収納がついている物件。

地方では、このような部屋は新築でもなかなか埋まりません。

東京や大阪といった都会でも、これらの小さなワンルームは競争が厳しくなっています。数年前なら空室に縁のなかったような場所でも、少しずつ決まりにくくなっているのが現状です。

このようなタイプのマンションが供給過剰になった背景には、坪当たりの賃料を上げるために、狭い敷地に部屋をひとつでも多く造ろうとした業者の都合があります。

住む側の希望など考慮せず、ハウスメーカーやゼネコンは、坪当たりの賃料が高くとれるこのタイプのアパートやマンションを、次々と建築していきました。

そして、「部屋を貸してやっている」と考えるオーナーたちも、入居者の暮らしやすさは二の次に、効率だけを考えて、このプランを採用しました。

その結果、どこを切っても同じ顔が出てくる金太郎飴のように、日本全国に同じようなワンルームマンションが増えたのです。

すでに兆候は出ていますが、何の特徴もないマンションはこの先、かなりの苦戦を強いられることが予想されます。

あなたのマンションと、隣のマンションとの違いは、どこですか？

あなたのマンションには、入居者に選ばれるためのアピールポイントがありますか？

入居者はいつも、少しでも安く、広く、駅に近く、新しい部屋を求めています。

「ここに住むことでしか得られない価値」を提供できない限り、入居者を引き止めることはできません。

6 参入障壁の低い差別化物件はすぐに陳腐化する

すでに空室が埋まりにくくなっている地域では、入居率を上げる手法として、「ペット可」や「楽器可」などの特色を打ち出す物件が増えています。

しかし、これまでペット可でなかったものを許しましょう、楽器不可だったものを認めましょう、というようなやり方には、いずれ無理が生じます。

なぜかといえば、そもそもの発想が入居者のためではなく、空室を埋めるというオーナー自身の勝手な都合から出されたものだからです。そのような中途半端な物件が長く支持を集めるほど、現在のマーケットは甘くありません。

もちろん、何もしないことに比較すれば、自分の物件の魅力を高めるために工夫を凝らすのは素晴らしいことです。

その結果、一時的には空室が減り、家賃収入は増えるかもしれません。

しかし、そこで問題が解決したとは思うのは危険です。

差別化といっても、簡単に他の物件でマネができるようなものは、そう遠くないうちに陳腐化します。

最初のうちは付加価値がつけられても、参入障壁が低ければ、同じ差別化をうたう物件が次々と増えて希少性が薄れるのです。

そうなれば、結局は普通の物件と同じように、値下げ合戦に巻き込まれてしまうでしょう。

「ペット可にしたけれど、ペットの鳴き声でトラブルが絶えない上に、退去の際にリフォームで通常の倍以上のお金がかかった」

そんな話もあちこちで耳にします。

「普通のマンションが駄目なら、ペット可にすればいい」

「少し珍しい設備をつけて、差別化をアピールしてやろう」

そのような安易な考えで、この先の賃貸市場を生き抜くことはできないのです。

7 勉強しない大家は生き残れない

ここまで、不動産賃貸業をとりまく、さまざまな課題について述べてきました。

これらは決しておおげさな話ではなく、現実に起きている事実です。

2010年、関西で老姉妹が困窮生活の末、マンション内で死亡しているのが見つかったニュースがありました。

この姉妹はもともとは資産家の生まれで、小さい頃からお姫様のように育てられてきたといいます。

二人が困窮したのは、相続対策で建てられたであろう賃貸マンションの経営がうまくいかず、借金に苦しめられることになったからです。

彼女たちは、自分たちが所有する賃貸マンションの一室に住んでいたのですから、家賃を支払う必要がなく、本来ならば家賃収入で裕福な暮らしをしていたはずです。それなのに、空室が埋まらず、ローンが支払えなくなり、食べるものに事欠くまでに追い詰められてしまいました。

30年前なら、このような事件は絶対に起きなかったでしょう。

しかし、繰り返し述べているように、現在の日本は、何もしなくても空室が埋まるという時代ではありません。

駅から距離のあるマンションや、築年数の経過したマンションで満室を維持するためには、それ相応のノウハウが必要です。

彼女たちは、賃貸物件のオーナーでありながら、不動産賃貸業についてのノウハウがなかったために、命まで失ってしまったのです。


誤解を恐れずにいえば、不動産オーナーは賃貸業のプロではないと私たちは考えています。

築年数が経過し、空室が増え、家賃を下げざるをえなくなったとき、どのような対策を講じればいいのか？

私たちは多くのオーナーさんとお付き合いをしていますが、正しい解決方法を導きだし、すぐに手を打てる方は、ほとんどいません。

たとえば空室が長引き、何らかの対策が必要となった時、最も効果のあるアクションのひとつが、間取りの変更や設備の交換です。

車にモデルチェンジがあるように、商品には必ず寿命があります。

マンションも例外ではありません。人気や魅力が失われた商品を、また魅力あるものに変えていくためには、思い切った改革が必要なのです。

しかし、不動産会社のほうから、オーナーさんにそのような提案をしても、すんなりと了承を得られることは滅多にありません。

「100万円？　その工事をすれば、絶対に埋まるの？　前回だって原状回復だけで埋まったんだから、今回も敷金の中でできる範囲で十分でしょ？」

このように、出費を理由に、工事を拒むオーナーさんは多くいます。

もちろん、自分自身で客付けができるなら、それでもいいのです。

しかし、客付けや管理は不動産会社におまかせで、自分は部屋を預けているだけというオーナーが、不動産会社の提案を無視して、「なんとかなるだろう」と勝手に判断してしまうのは、あまりにも危険です。

「前回の更新では、クリーニングだけで埋まったから、次も大丈夫だろう」

という発言は、市場の動きを知らない人のものです。

過去は大丈夫だったから次も問題ないだろう、と考えるのは、まさに「思考停止」状態であり、私たちから見たら負のスパイラルの入り口です。

魅力が失われた物件に対して何の手も打たなかったために、空室のまま年数が経ち、ますますリフォームにかけるお金がなくなるという事態が、その先には待ち受けています。

逆風の中で生き残るためには、マーケティングやプランニング、そしてファイナンスまでをトータルで考えられる知識と実践力が求められます。

選ばれる建物を造り、高い稼働率を維持するために、オーナーも必死で勉強しなければいけない時代なのです。

第２章　土地活用の相談窓口に行って儲かるのは誰か？

1 相談相手を間違えることの危険性

ここまでの内容を見て、

「自分はきちんとした人に相談しているから大丈夫」

と考えた人がいるかもしれません。

しかし、オーナーから見てきちんとした相手が、本当にオーナーのためになるアドバイスをしてくれるか、それは甚だ疑問です。

あなたの味方ですというそぶりを見せながら、実際には自分たちの得になることしか考えていない人たちもこの業界には多く存在します。

以前、元農家のお客さまに依頼を受けて、1階がガレージで、その上に住居が乗っているガレージハウスを企画したときのことです。

内覧会を開くと、オーナーさんのメインバンクの担当者から、「ぜひ私にも見せてください」

と連絡がありました。

喜んで応じると、担当者は見学者として何人もの農家さんたちを引き連れてきました。そしてその方たちが帰ったあと、私たちにこんな提案をしてきたのです。

「うちとタッグを組みませんか？　私は農家のお客さんを紹介します。その代わり、紹介料として工事費の６％をください」

聞くと、この金融機関は昭和40年頃から、様々なハウスメーカーと手を組んで、土地活用を考えている農家さんに、アパートやマンションの建築をすすめてきたといいます。

地方に行くと、周囲一面が畑というような場所に、立派なアパートやマンションが建てられていて、「こんなところで家賃をいただけるのかな？」と思うようなことがあります。そのような物件が増えた背景には、この金融機関とハウスメーカーが一緒になって、地主さんたちを巻き込んできたという歴史があるのです。

「ここにマンションを建てて、息子さん家族を住ませればいいじゃないですか。よそに家賃を払うのもバカらしいでしょう」

「そうだなあ。土地を遊ばせておくのももったいないし、知り合いの農家もマンションを建ててけっこう儲かったみたいだし、やってみるか」

マンション建築をすすめる担当者は、その地域にどんな需要があり、どんなリスクがあるのか、そんなことはおかまいなしですし、素人である農家さんに経営ノウハウを教えることもありません。

なぜなら、この金融機関は、農家さんの土地を担保にお金を貸し付けて、自分たちが金利で儲けることしか考えていないからです。

そして、そのように「土地ありき」で造られた物件の多くが今、ガラガラの状態になっています。

結局、この金融機関からの提案は、お断りしました。

なぜなら、私たちはコンサルティングフィーとして、工事費の数%しかオーナーさんからいただいていないからです。6%を紹介料として支払えば、利益が残らないどころか、逆ザヤになってしまいます。

自分たちのいただくコンサルティングフィー以外に、紹介料の6%分の代金をお客様に請求することもできるのでしょうが、そうなればトータルで相当なコストアップになり、事業そのものが成り立ちません。

農家さんから見れば、この金融機関は信頼できる相手なのでしょう。

しかし、私たち賃貸経営のプロから見れば、その提案はあまりにも自分勝手で、オーナーの毒にはなっても、メリットになることはありません。

このように、オーナーから見て頼れる相談相手が、実は自分たちの利益のことしか考えていないことも多い、ということを知っておいてください。

相談する相手を間違えれば、力になってくれるどころか、大切な資産を失うことにさえ、なりかねないのです。

2 自行のメリットしか考えない銀行員の身勝手

前の項目で、相談相手を間違えてはいけないと述べました。

ここからは、相談する相手の職業で変わってくる注意点について、紹介していきましょう。

まずは、銀行員です。

お金の相談を、おつきあいのある銀行に相談をするというのは、ごく自然な流れでしょう。銀行員は身近で信頼できるお金のプロというイメージがあるからです。

商売をやっている方はとくに、銀行の担当者さんと顔を合わせる機会がよくあります。そのため、相談するときはつい、「きっとこちらの立場に立っていい提案をしてくれるだろう」という期待を抱きがちです。

しかし、たいていの場合、銀行員のアドバイスは、オーナーの立場に立ったものではありません。

銀行の主たる収入源は貸付による利息収入です。さらに、彼らには毎月の貸付ノルマがあります。

彼らから見れば、担保価値のある土地を所有していて、賃貸マンションを建てようと考えている地主さんは、効率よく成績を上げさせてもらえる理想的なお客さんなのです。

資産背景がたっぷりとある人がマンションを建てるために預金を使おうとすると、銀行員は、

「いざというときのために現金は残しておきましょう。必要な分は融資しますから」

といって、預金を引き出すことを止めようとします。

それも、銀行の預かり金を減らしたくないという都合からくるものであり、決して、借りる人のメリットを考えたものではありません。

また、銀行員に相続対策について相談すると、大きな融資が絡む事業提案をされることがあります。例えば、需要が少ない場所で、本来なら３階建てでいいものを10階建てで提案されるようなケースは珍しくありません。

銀行から見れば、１億円貸すのも10億円貸すのも同じ手間がかかります。そのため、資産背景が十分とみられる優良オーナーには、大きな事業を提案し、自分たちの利益を増やそう

とするのです。

さらに、少し前までは、テナントの敷金保証金のリターンを預金に回させることを目的に、住居系ではなく事業系の提案をしてくることもよくありました。

バブルの頃には、銀行のすすめで建てた事業系物件にテナントが入らず、結果的には競売にかかってしまったという事例がいくつもありました。


今の日本では、弁護士や医師と同じように、銀行員の社会的な位置づけは比較的高いといえます。

しかし、そこに落とし穴があります。

銀行員は、確かにお金のプロです。しかし、その知識はお客さんを儲けさせるためのものではなく、自分たちがリスクを抑えながら、利益を上げていくために使われます。

お金を借りるときは、「銀行が貸してくれるから、この事業計画に落ち度はないだろう」と考えるものですが、それも誤解です。

彼らは事業計画書の内容より、担保価値の方を重視しています。

ある銀行員は、「借金をしてマンション経営なんて、危ないことをよくするなあと思いながら、融資の相談を受けている」と話していました。

銀行員がオーナーと同じ目線で、賃貸経営での成功に夢をはせるなんてことは、ありえないのです。

借主にとってどんなに大切な土地でも、銀行はいざとなれば、容赦なく取り上げます。そのときになって悔やむことのないよう、相談は慎重にしてください。

3 ノルマに追われるハウスメーカー営業マンの本音

人口減少時代の今も、日本中で何の特徴もない賃貸マンションが、次々と建てられています。

いくら経営の素人とはいえ、地主さんたちはなぜ、将来的に経営が苦しくなるような普通のアパートやマンションをみすみす建てるのでしょうか？

それは、これまで述べてきたような問題はありつつも、マンション建設が有効な相続対策であることは、今も変わらない事実だからです。

現金は１００万円あれば、１００万円分の財産として相続税の計算がされます。株などの有価証券も、昔と違い、そのときの時価額評価が反映されるため、かけたお金はかけたお金のまま、計算されてしまいます。

これに対し、不動産（建物）は１００万円のお金をかけても、評価は６０万円分になります。１億円で建てても、４割減の６千万円として評価してもらえるのです。しかも、貸家になれば評価はさらに30％減少し、最終的には４２００万円にまで下がります。

このシステムが変わらない限り、マンションやアパートを建てることで、相続対策を講じようとする人の数は減らないはずです。

ハウスメーカーや建設会社の営業マンたちも、そのあたりのことを心得ています。

すでに述べたように、建築会社は建てて儲けることが仕事です。

そのため、市場の動向などおかまいなく、テレビや新聞などに、バンバンと広告を打ち、地主さんとの接点を持つことに努めます。

このような会社の営業マンたちはたいてい、ノルマを抱え、歩合制で給料を得ていますから、地主さんが相談に訪れれば、必死で契約をとろうとします。

しかし、第一章でも述べたとおり、そのことで営業マンを責めることはできません。大切なのは、彼らの事情をわかった上で、自分の頭を使ってどうすればいいかを考えることです。

彼らが契約をとるためのセールストークとしてよく使うのが、「相続対策に有効ですよ」の一言です。

「更地にアパートを建てると、相続税が安くなるんですよ」

「そろそろ準備をはじめないと、息子さんたちが苦労することになりますよ」

そういって、営業マンは地主さんのもとに何度も足を運び、心に入り込もうとします。

「一度、相続について話を聞いてみようかな」

と、地主さんが関心を示したら、チャンス到来です。

「ローンは家賃で相殺されますから、心配は不要です。毎月少しずつ、お金も入ってきますよ。年金だけではお孫さんにお小遣いもあげられないでしょう」

そんな耳障りのいい言葉の数々に、心を動かされる地主さんは少なくありません。

「このあたりも昔と違って、アパートが増えた。建築費のローンが払えなくなったら困るから、アパートなんて建てないよ」

とまっとうな意見を述べる地主さんがいれば、

「確かに、そのとおりです。しかし、弊社のこの実績をみてください」

といって、過去の稼働実績がずらりと並んだ書類を持ち出してきます。

しかし、この書類にはカラクリがあります。彼らが見せるデータには、建てれば埋まる時代の実績が多く含まれているのです。

かつての日本では、入居率が１００％で当たり前という時代がありましたから、少し時代をさかのぼれば、高い稼働率を示すデータは簡単に作れるのです。

大切なのは過去の実績ではなく、人口が減ってマーケットが尻すぼみになっていく将来的な予測です。しかし、

「そんなものはこの時代には何の参考にもならないよ」

といえる大家さんは、ごく少数です。

そして、過去のデータに心を動かされ、何の特徴もないアパートやマンションを建てることになる地主さんが今日もまた、どこかで生まれているのです。

4　資産運用を知らない税理士の知識レベル

相続対策を税理士に相談する、というのはとても自然な発想です。その税理士が優秀なら、有効な結果をもたらすことになるでしょう。

しかし、それには相談先の税理士の実績をきちんと吟味することが大切です。

一口に税理士といってもその能力や得意分野は千差万別。意外かもしれませんが、個人の確定申告や企業の決算がメインで、相続の案件は過去に1件も扱ったことがないというような税理士は、数多く存在します。

間違った相手に相談すれば、節税よりも、「きっちり収めてもらう」というスタンスで指導されることもありますから、相談相手選びは慎重に行ってください。

また、たいていの税理士は、市場のニーズやトレンドを加味しない机上の空論や過去の成功事例にならう傾向があることにも注意が必要です。

土地の立地も形状も見ずに、マンション建築についてアドバイスをすることは不可能ですが、税理士の中には一歩も足を動かさず、書類だけを見て結論を出そうとする人が多いのです。

そもそも、税理士は数字には強くてもお金には縁がなく、自分自身は資産運用に関心がないという人がほとんどです。

このような税理士から、

「駅から遠いまとまった土地を売って、こちらの土地に買い換えましょう。そこにマンションを建てれば、長期的な空室リスクを抑えられます」

というような総合的な資産運用のための助言が得られる可能性は、残念ながら低いといわざるをえません。

また、相続税はグレーな領域が広く、扱う税理士によって3割の幅があるといわれます。

ですから、税理士を相談相手に選ぶなら、相続対策についての知識があるのはもちろんのこと、依頼者の立場に立って、最善を尽くしてくれる相手という条件も加える必要があります。

簡単ではなくても、しっかり探せば、いい税理士さんに出会えるはずです。

例えば、ある会社では、決算を手伝うだけでは本当の意味でお客様の役に立てないという考えから、50人いる税理士たちが各自の専門の知識に加えて、ＦＰや不動産鑑定士などの、お金に関するノウハウを身につける努力をしているそうです。

このように、クライアントに役立ちたいと考える税理士さんが増えているのは喜ばしいことです。

日本人は情、義理、縁故、おつきあいなどを美学としてとらえる風潮があります。それが長所ともいえるのですが、仕事の面では足を引っ張っている部分が多いような気がします。

相続は会社の決算などと違い、10年後、30年後の将来的な家族像までを考慮する想像性や、不動産以外の資産もからめた総合的な資産運用についての知識が求められます。

もし、相談した相手が相続対策のスペシャリストでなかった場合は、仮定の相続税計算をお願いするまでにとどめて、その後の有効な対策については別の相談先を探すほうが身のためです。

5 自社の得意分野で提案が変わる不動産会社

不動産会社の業務は主に、

①開発事業
②売買仲介
③賃貸仲介管理

の３つに分類されます。この中の３つすべてをおこなっている会社もあれば、得意なのはひとつだけという会社もあります。

相続対策の相談に対する提案内容は、その会社が何を得意とするかで変わってきます。

①の開発事業を得意とする業者は、手持ちの不動産の売却をからませようとする提案、②の売買仲介を得意とする会社は、資産の組み換え、買い替えといった提案、③の賃貸を主にしている業者は賃貸マンション事業をひとつでも多くおこなうような提案をするのが通常です。

結論からいうと、どの会社もオーナーの利益より、自分の会社の利益にどう相続対策が合致するかに関心があります。

その会社のメリットが大きい事業を前提としたスキームを組んで、提案をしてくるために、内容には個別のカラーが出てきます。

本来なら、正しい答えはいくつもないはずなのに、会社によって提案内容がまったく違うのは、相手が自分の事業でプランを作っているからです。

それを知らず、無防備な状態で不動産会社へ相談に行けば、知らず知らずのうちに、その会社の売り上げに貢献する役割を担わされることになります。

営業マンは、お客さんに「うん」と言わせることのプロです。

彼ら全員を悪くいうつもりはありませんが、いいことばかりを並べるような会社は、とくに警戒したほうがいいでしょう。

6 大家の利益より自己顕示欲を優先する建築家の傲慢

特徴的な外観やオシャレなデザインが物件のアピールになるから、建築家にマンションの設計を頼みたいと考えるオーナーさんがいます。

しかし、現実的な話をすれば、建築家の建てる家の多くは、入居者たちの暮らしのことを考えていません。

多くの建築家は、家を入居者のものではなく、芸術家としての自己作品のアピールの場と考えています。そのため、事業性や効率性といった本来の大切な目的をまったく無視するケースもよくあります。

たとえば、コンクリートの打ちっ放しマンションは、おしゃれな印象で、若い人たちの目をひきます。しかし、住んでみると夏は暑く、冬は寒いという理由で、長く住む人は少ないということはあまり知られていません。

また、壁一面がガラス張りの建物で、見た目はいいけれど、実際には結露がひどく、窓際の床がすべて腐ってしまったという例もあります。

玄関をあけたら目の前に猫足のお風呂が置いてあるという物件もありました。

その配置を考えた建築家は、暮らしやすさよりも、奇をてらうことによるインパクトを重視しているのは明白です。

しかし、賃貸マンションである以上、そこに暮らす人がいるのです。デザインや個性を優先して、使い勝手を犠牲にすることは、絶対にやってはいけないと私たちは考えます。

建築家に賃貸マンションの建築を依頼するなら、彼らに収益物件事業についてどの程度の知識があるのか、入居者の満足度について関心があるのかどうかを、しっかりと調べましょう。

建築雑誌に掲載された美しい写真と、賃貸マンションとしての収益性や暮らしやすさには、まったく関係がないのです。

7 建てれば埋まる時代しか知らない親の時代錯誤

親が資産家の場合、将来的に相続税が課せられる可能性が高くなります。

しかし、相続人である子供は親の承諾なく勝手に相続対策を進めることはできません。親の側からすると苦労するのは自分ではないし、自分が死ぬなんて先のことという感覚があるため、子供の世代がどんなに有効な対策を提示しても、なかなか聞く気になれないようです。

相続対策について切り出そうとすると、途端に

「おれの目が黒いうちは子供といえども手は出させん」

「もうその話はするな」

と、父親が拒絶反応を示し、困っているという息子世代の地主さんも多くいます。

一方で、自分が会社に行っている間に、年老いた両親のもとにハウスメーカーの営業マンが何度も通ってきて、知らないうちに契約寸前まで話が進んでいた、というような悩みを息子さん世代から聞くこともあります。

親たちの多くは、近年の賃貸市場の厳しさを知らず、建てれば埋まる時代の感覚が抜けていません。

そのため、息子の世代が何の変哲もないアパートを建てることのリスクを伝えようとしても、拒否反応を示すことも多いようです。

相続は、やり方を間違えると大切な資産を失うだけでなく、家族の心がバラバラになることまであります。相続時期が近づいてから急に話をするのではなく、早い段階から家族間のテーマとして取り上げ、対策を練るのが理想的です。

親が頑固な場合は、信頼できる第三者に間に入ってもらうといいかもしれません。

何もしないまま相続を迎えた、ということは避けたいものです。

8 誰が相談しても同じ答えになるひもつきコンサル会社の裏の顔

コンサルティング会社はどの業種にも属さず、オーナーに最大限の利益をもたらすことが自己の利益となるため、一番オーナー側に立った提案をおこなえる立場にあるといえます。

ただし、それは独立系のコンサルティング会社に限定された話です。

実は、コンサルティング会社の中には親会社が建築会社であったり、系列に不動産会社を持っていたりするものが珍しくありません。中にはそのコンサルティング会社そのものが建設会社の営業窓口となっている例もあります。

あくまで推測ですが、資産活用のための相談窓口をうたっているコンサルティング会社のうち、９割以上がひもつきであると予想されます。

というのは、資産活用や土地活用のコンサルティングと一口にいっても、まだまだ単独で仕事ができるほど、地主さんやオーナーさんたちの間で認知度が高まっていないからです。

そうとは知らずにこれらの会社に相談に行ってしまうと、いつの間にかある特定の方向での提案がなされることになります。

気になるコンサルティング会社が、ひもつきかどうかを見分けるためには、事前にちょっとした手間をかけて、会社の役員構成や株主、その会社の住所などを調べてみるといいでしょう。

中立のはずのコンサルティング会社の本社が、ゼネコンの建物の中に間借りしているということもあるかもしれません。

また、その会社の実績を見せてもらい、同じようなマンションばかり建てられているという場合も、疑ったほうがいいでしょう。

本当に地主さんの立場に立って提案をするならば、ケースごとにまったく違う回答が出てくるのが通常だからです。

第３章　マンションの企画ばかり提案されるのはなぜか？

1「建てない」という選択肢を無視した土地活用の提案者

ゼネコンに相続対策の相談をすれば、100%賃貸マンションを建築するのがベストという反応がかえってくるでしょう。

それもお抱えの税理士が作成した

「あなたにとって賃貸マンションを建てることが何よりも有効な相続対策である」

という相続税計算書が付いてくるのですから、説得力があります。

それが駅から徒歩20分の場所でも、周りに大型マンションがいくつも建っている場所でも、提案の内容は変わりません。

この会社に相談した時点で、「建てない方がいい」というアドバイスは絶対に出てこないのです。

本来なら、まずは建てることが必要かどうかを議論し、必要なら次に規模の検討をおこなうべきであり、ゼネコンに相談するのは、ある程度の方向性が固まったあとで充分です。

順番を間違えて、先に建設会社に行ってしまうと、その会社の得意な提案ありきでスタートすることになり、前段階の大切な議論が吹き飛んでしまいます。

私たちは最近、大きな土地を所有する地主さんに、「半分を売却して、そのお金を元手に隣の土地に賃貸マンションを建てる」という提案をしました。

空室リスクが高まるこれからのマンション経営では、借り入れのリスクを減らしておくことは重要だからです。

もし、この案件についてゼネコンに相談した場合、どうなったでしょうか。

その土地を使って目一杯大きな建物を建てるという提案が、ほぼ間違いなく出されたはずです。

去年、私たちのもとに、一人の地主さんから次のような相談が寄せられました。

その地主さんは、都内の繁華街に築40年ほどの商業ビルを所有しています。

建物は５階建てで満室が続いているのですが、ゼネコン３社から、

「この場所には20階のビルを建てられます。絶対に建て直したほうがいいです」と強烈な営業攻勢を受け、建て直すべきか迷っているということでした。

この方の相談に対し、私たちの出した結論は、

「建て直す必要はないんじゃないですか？」

というものでした。

私たちがまず聞いたのは、

「満室が続いていて、生活も十分に成り立っているのに、わざわざ借金をして、それ以上利益を上げる必要はどこにあるんですか？」ということです。

その方の家族構成や、将来的な時間軸を見てみても、今のままの状態でとくに問題はなく、充分に豊かな暮らしがおくれるという予測が立ちました。

確かに、20階建ての商業ビルを建ててうまく稼働させていけば、家賃収入は何倍にもなります。

しかし、そのためには今入っていただいているテナントさんに出ていただき、銀行に数億円の借金をし、新しいビルを建ててから、再度テナントさんを募集するといういくつもの手間とリスクを乗り越える必要があるのです。

そのビルは、適切な修繕をすることで、まだまだ活躍してくれる強度を保っていますし、空室率も上がっていません。それなのに、ゼネコンはそれをどう生かすかを考えず、まず建て替えありきでプランを提示してきます。

そのとき、オーナーの人生観や家族構成といった要素が考慮されることはありません。

長い目で資産活用を考えたとき、

「建てない」

「今のまま何もしない」

という選択がベストということもありえます。

それを忘れて、業者側のペースに巻き込まれることがないよう注意が必要です。

2 土地の特性は無視して業者の都合でプランが決まる

前の項目で紹介したように、私たちのもとには、ゼネコンやハウスメーカーからプランを提示された地主さんたちから、それを精査してほしいという相談が多く持ち込まれます。

多くのプランを見てわかったことは、建設会社は相手の都合にかかわらず、自分たちが一番得意な工法や規模を提示してくるということです。

10階建てがふさわしい場所でも2〜3階のプランしか出されなかったり、反対に、2〜3階がマッチする場所なのに、10階建てにしましょうという提案が出されたりすることは、珍しくありません。

洋服でいえば、彼らの売っているものは既製服です。オーダーメイドのように着る人の好みや体型に沿ったものを作ることはできないため、一見、問題ないように見えても、長い目で見るとあちこちに問題が生じてきます。

また、ゼネコンの別の問題として、相続対策の際に、目の前にある土地（＝賃貸マンションを建てる候補地）のことしか考えないということがあります。

本来、相続対策では土地も含めたすべての資産を俯瞰的に見ながら、何がベストかを判断する必要があります。

もちろん、地主さんの人生観、家族の年齢と将来の計画、そして二次相続等についても考慮して、経済的なメリットだけでなく、その方にとってよりハッピーになるような対策を講じるべきなのはいうまでもありません。

目の前の不動産の相続税をいかに減らすかだけが、相続対策ではないのです。

そういう意味で、近視眼的な見方しかできないゼネコンは、大切な資産をまかせる相手としては、不十分だといえるでしょう。

3 事業規模の大きさが提案会社の利益の大きさになる

ゼネコンは、事業規模にかかわらず、利益を一定の率で確保しようとします。1億でも10億でも100億でも、利益は同じパーセンテージです。そのため、少しでも多くの利益を得ようと、可能な限り大きな事業規模でプランを提案してくることがよくあります。

広い土地の活用法を考えているAさんが、ゼネコンに相談に行ったとき、提案されるのは、土地をマックスの広さで使い、可能な限り借り入れをして、大きな賃貸マンションを建てることです。

「日当たりの悪いほうの半分を売って、そのお金でこちらの半分に建物を建てましょう」というような提案は、まず出されません。

規模が大きくなるほど利益が増えるという構造は、銀行やハウスメーカーも同じです。その点をわかった上で相手の提案をきかないと、過剰に大きい建物や、過剰に多額の借金を背負うことになってしまいます。

とくに注意が必要なのが、農家の2代目、3代目で実際には農業経験のない地主さんたちです。

これまでの経験上、農業経験のある地主さんは、意外と倹約家が多く、「この程度で十分」という意識が根付いているのに対し、農業を知らない後継者がマンション経営で成功体験を収めると、お金を稼ぐことに夢中になり、冷静な判断ができなくなる傾向があるように感じています。

面白いことに、そのあとの世代の若い人は、「必要以上にお金があっても仕方ない」「借金は危ない」という意識を持っていることが多く、ゼネコンからの提案にも冷静に対処できる方が多いようです。

賃貸経営で失敗する要因のひとつに、リスクを忘れて欲に目がくらむということがあります。規模について検討するときには、本当にその大きさが必要なのかを、冷静に考えるようにしましょう。

4　建物の投資効率より自己満足度を優先する大家の愚

マンション経営は、ビジネスです。

そういわれて、何を当たり前のことを、と思った方もいるでしょう。しかし、マンションを建てる段階になると、この大切な基本を忘れて、思いつきや直感でプランを決めてしまうオーナーさんが意外と多くいます。

「隣にあるマンションには浴室乾燥機がついているらしいから、うちもつけたい」

「使っていないピアノを置いて美術館のような雰囲気を出したいから、エントランスを広くしてほしい」

「最上階に100平米でジャグジー風呂のついたオーナーズルームを作りたい。どうせ入居者がローンを払ってくれるんだから、少し豪華でもいいだろう」

趣味でマンション経営をするなら、これでも問題はないでしょう。

しかし、マンション経営をビジネスとして考えるなら、投資効率を無視することは絶対にしてはならないことです。

入居者の方に快適に住んでもらうために工夫を凝らすことは大切ですが、湯水のようにお金を使えば経営は成り立たなくなってしまいます。ましてや、オーナーが自分の趣味や贅沢のために、投資効率を落とすことなど、自分で自分の首を絞めるようなものです。


ところが、ゼネコンの担当者は、オーナーが投資効率を無視するような提案をしても、強く反対せずに、聞き入れる傾向があります（銀行のローンがおりる範囲でですが）。まっとうな反対意見を述べてオーナーの機嫌を損ねるようなことがあれば、契約をキャンセルされてしまうかもしれないからです。そんなことになれば、自分の成績や収入にも響いてきます。


当たり前のことですが、建てるならきちんと利益の出る賃貸マンションを建てるべきです。

相続税の支払いは、一度終わればすべてが終わりではありません。

更地にマンションを建てて相続税を減らすことに成功したら、その瞬間から次の代の相続税に備える必要があります。きちんと利益を生むマンションなら、そこから生まれるお金を次の相続税に当てられます。

つまり、マンション経営をする以上、儲からないマンション、埋まらないマンションを建てるメリットはどこにもないのです。

ゼネコンの営業マンは、建物を建てることに関してはプロです。しかし、賃貸経営については、ほとんどの人が充分な知識を持っていません。

なぜなら、彼らの仕事は自分たちの会社の建物を建ててもらうことだからです。つまり、建てたあとのことはどうでもいいのです。

もし、建てたあとのことまで真剣に考えるなら、何の特徴もない金太郎飴のようなマンションを、次から次へと建てることはできないはずです。

マンション経営の失敗は、ときとして人生の失敗につながります。

マンション経営で豊かさや安定を手に入れて、人生がよりハッピーになったというオーナーさんたちがいる一方で、不幸な結末を迎えたオーナーさんたちも少なからず存在します。

マンション経営がオーナーの人生を大きく左右する以上、マンション建築を計画する際は、オーナーの成功や幸せを本気で支援してくれるアドバイザーをパートナーに選ぶべきです。

オーナーが間違った意見を言っても、反対することができない立場の人間に、その役割が果たして務まるでしょうか？

耳障りのいいことばかりいう人間と、厳しい意見も交えた本気のアドバイスをくれる相手、どちらをパートナーに選ぶかは、オーナーの見識にかかっています。

5 「知らなかった」ではすまされないマンションオーナーの悲劇

相続税を圧縮するためにマンションの新築を考えるとき、多くのオーナーさんは、そのあとの20年、30年の間、ローンを支払い続けることのリスクについて、過小評価しているように感じます。

リスクには、これまで述べてきた空室リスクだけでなく、金利上昇リスクや、災害リスクなどもあります。

例えば、バブル崩壊以降、長く続いている低金利政策が、いつまで継続されるのか、それは誰にもわかりません。

図は、日本銀行の統計による過去の政策金利と、10年国債の利回りの推移を示したものです。金利推移グラフを見ると、現在の低金利は決して普通のものではなく、むしろレアケースだということがわかります。

１９７０年代や80年代には、金利が９％という時期もありました。すぐにこれほどの水準

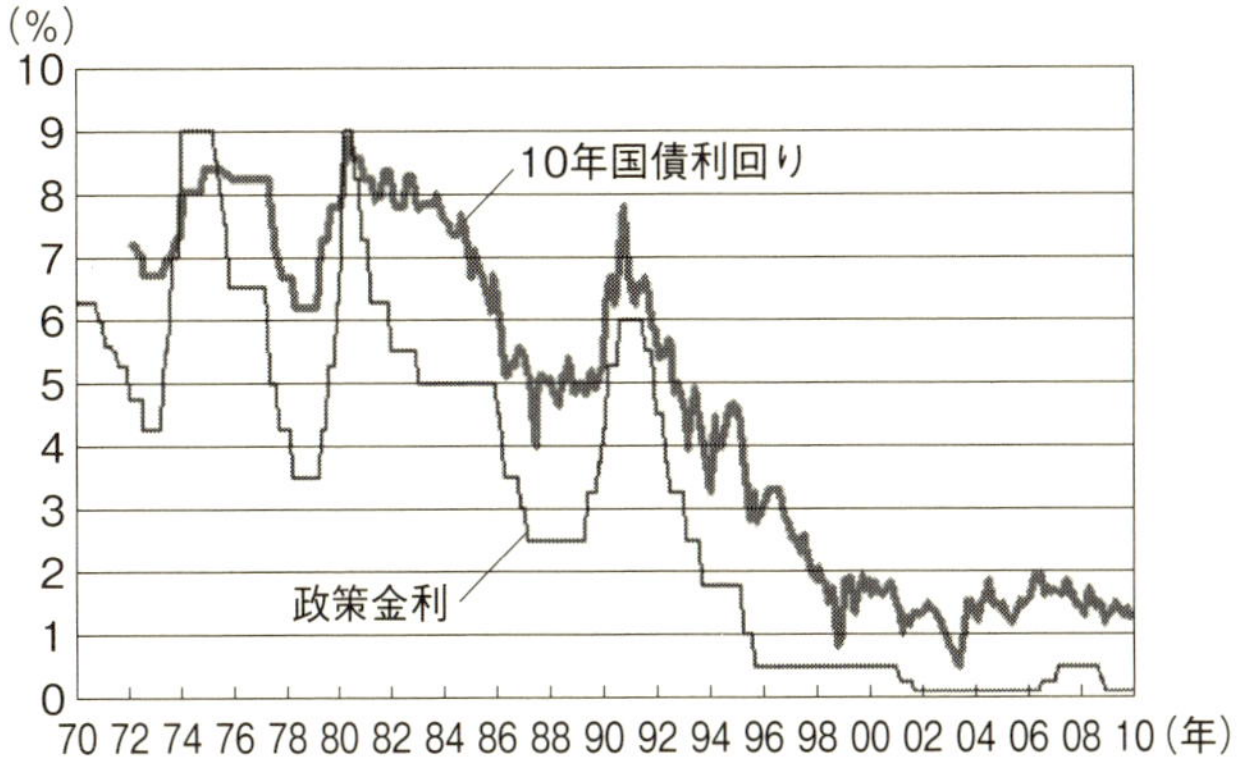

になることは考えにくいでしょう。しかし、金利は今後、上がることはあっても下がることはないということは、常に意識しておくことが重要です。

マンションを新築すれば、数千万円、数億円という多額のローンをオーナーは背負うことになります。それが相続対策のためとはいえ、ローンが借金であることには変わりありません。

日本は地震大国です。事実、東北大震災の際には、たくさんの賃貸マンションやアパートも被害を受けました。

液状化がニュース等で話題になっている千葉県浦安市では、地震後にトイレなどの設備が使えなくなったことから、アパートやマンションの住人が別の地域に引っ越すケースが相次ぎました。

また、大家さんが入居者を置きざりにして別の場所に避難してしまい、入居者からの修繕やクレーム対応などに迅速に応じなかったという理由で、裁判沙汰になっているケースも出ているようです。

こうなれば、空室リスクどころではありません。入居者がいないマンションのローンを銀行に返し続けることのオーナーの金銭的、精神的な負担は計りしれないほどの大きさでしょう。

しかし、ゼネコンは、これらのリスクについて充分に説明しようとせず、むしろ少しでも多くの融資を銀行から引き出すことを後押しします。

相続税は圧縮できたけれど、その後のマンション経営がうまくいかず、結局、資産を失うことになってしまった・・・。

そんな笑えない話が全国のあちこちで聞かれます。

「リスクなんて知らなかった」

とあとで勉強不足を後悔しても、大切な資産は戻ってきません。

マンション経営をはじめるようとするとき、多くの方は毎月、決まった額の家賃収入が入ってくるというメリットのほうにばかり興味をそそられます。

しかし、本当に大切なのは、自分がどのくらいリスクをとれるのかという部分にあります。

万が一のことが起きたとき、熱心にマンション経営をすすめたゼネコンの営業マンが、借金を肩代わりしてくれることは絶対にありえないのですから。

第4章 大家だけが知らないサブリース事業のカラクリ

1 サブリース契約は本当に得なのか？

賃貸マンションの建築の契約を迫るとき、営業マンがサブリースを切り札にすることがあります。

サブリースとは、もともとは「転貸借」、つまり、オーナーが管理会社にお部屋を賃貸し、管理会社が賃借したお部屋を第三者にあたる入居者に貸すという意味で使われていた言葉です。

しかし、現在では一般的に賃貸物件の「一括借り上げ」や「空室保証」のことをさして使われます。この章では、この「一括借り上げ」や「空室保証」という意味でサブリースという言葉を使います。

「サブリース」とはサブリース会社が満室時の8～9割の家賃を保証し、入居者がいてもいなくても、約束の金額をオーナーに振り込むシステムです。

マンションを建てることを提案された地主さんは通常、
①入居者が入るか
②入居者が家賃を延滞しないか
③日常の維持管理はどうするのか
④トラブル、クレームに対応できるか
などの不安を感じるものです。

サブリース契約は、これらの懸念点を解消してくれるため、契約の決め手となる強力な一押しになります。

一見すると、サブリースはオーナーのリスクゼロで毎月決まったお金が入ってくる便利なシステムに見えます。しかし、それは本当でしょうか？

そもそも、サブリースという仕組みは、主に建築会社が受注を増加させる目的で考え出されたものです。

仕組みとしては、建築会社や不動産会社の系列会社で、賃貸管理をおこなう会社がオーナーさんから部屋を借上げて賃料を支払うのですが、そこにはオーナーの知らないからくりがいくつも隠されています。

それを知らずに契約を結んでしまうと、あとで「こんなはずではなかった」ということになりかねません。

ですから、サブリース契約を検討するなら、最低でも次の内容についてしっかりと確認するようにしてください。

①契約期間
②契約賃料
③更新
④免責期間
⑤原状回復費用

すると、「テレビコマーシャルでいっている話と違う」というような矛盾点が出てくるでしょう。

たとえば、①の契約期間は一般的に10年、20年、30年といった長期をうたっています。しかし、②の契約賃料を見てみると、「2年毎に改訂できる」などと記載されていることがあります。これでは、長期保証の意味がありません。
③の更新については、サブリースする会社のほうから拒否できるというものも珍しくありません。④の免責期間というのは、最初の数カ月間は保証家賃が支払われないという内容です。⑤の原状回復費用については、必要が生じた場合にはオーナーがその代金を支払い、それに応じなければ契約を解除するといった内容が書かれていることもあります。
営業マンは自分たちの不利になる情報をあえてアピールすることはしません。

サブリースの話を聞く際には、「うまい話には裏がある」という気持ちで冷静さを保つことが大切です。

2 相見積もりを取って初めて知る高額な建築費

テレビコマーシャルも打っている有名なハウスメーカーは、駅までバスで30分かかるような場所でも、ワンルームのアパートを建て続けています。

本来、色々な商品を持っていればよかったのですが、ワンルームのスペシャリストとして突き進んできた経緯から、後戻りできなくなったのでしょう。

公表されている数字で、そのシリーズのアパートの稼働率は70％。新築も入れての数字ですから、古い物件は半分くらい空室ということが予想されます。

建築関係の人間がこの物件を見ると、徹底的にコストを切り詰めて造られていることが一目瞭然です。一説によれば、エアコンは1万円で仕入れているといいますから、コストは相場よりもずっと低いはずです。

それにもかかわらず、オーナーが支払う物件の建築費は、驚くほど高額です。

これは、サブリース契約が前提にあるからです。

通常、建物の価格は建築にかかった費用から計算されます。

しかし、サブリース契約を結ぶことが確定している場合には、サブリースで借り上げる値段からオーナーの年間家賃収入を算出し、ローンを引いてプラスアルファの金額が残る額、という順序で建築費用が決められます。

保証をしてもらう側は、サブリースをしてもらうことで得をしたような気持ちになりますが、実際にはそうではありません。ある意味、オーナーは自分が支払ったお金で、自分自身の空室保証をしているのと同じといえるのです。

このメーカーに限らず、大手のハウスメーカーは基本的にはこのシステムを採用しているため、サブリースを利用すると建築費は非常に高くつきます。

サブリースのシステムを持たない普通の工務店などに相見積もりをとると、提示された価格が異常に高いことがわかるのですが、残念なことにそれをするオーナーさんはごく少数です。

3 サブリース会社が保証家賃を相場より高くできる理由

サブリース会社は、借り上げの保証金額を、周辺の家賃相場よりも高く設定していることがあります。しかし、いくらサブリース会社といえども、相場以上の家賃を入居者からいただくことは簡単ではありません。

その差額を埋めるために利用されているのが、免責期間や礼金です。

「免責期間」とは、建物が完成してから最初の30～180日間は、オーナーに家賃が支払われないというものです。

建ててすぐといえば、一番の稼ぎ時です。にもかかわらず、この間の賃料が手に入らないのですから、オーナーにとっては大損といえるでしょう。

また、礼金は、すべてサブリース会社の取り分となります。考えてみればもったいない話ですが、オーナーは長期保証の安心感を優先するために、これらの提案を受け入れるのです。

サブリース会社はこの免責期間や礼金で利益を確保することで、周辺相場を上回る家賃保証をするリスクを負います。

わざわざそんなことをするのは、オーナーに契約を迫る際に、表面利回りを高く見せるためです。

表面利回りは通常、

「月額家賃×12÷購入金額」

から算出します。

本来なら6万円の家賃を7万円に設定すれば、利回りはアップしてみえます。さらに、空室リスク
「この利回りですから、ローンを返したあとも十分に利益が残ります。さらに、空室リスクは当社が負いますから、安心して建ててください」

そんな営業マンの言葉の裏には、こんな事実が隠されているのです。

4 いったい何を保証してくれるのか？「長期保証」のカラクリ

サブリース契約を結ぶ際、オーナーの背中を押す決め手になるのが、「建物の築年数が経過して空室が生じても、その間にも決まった家賃が入ってくる」ことへの安心感でしょう。

サブリース会社と交わした契約書には、「○年間は解約不可かつ賃料値下げは行わない」という内容が記載されているのが一般的ですし、営業マンも契約を迫る際には、オーナーにリスクは負わせないということをアピールします。

オーナー側は、テレビや雑誌でよく知られる企業に、はっきりと「保証する」といわれれば、まさかウソはつかないだろうと考えます。

しかし、そこに落とし穴があります。実は、広告や営業マンが連呼する「長期保証」の契約は、実際には守られないことがほとんどなのです。

建物が古くなったり、需給バランスが変化したりして当初の家賃で埋まりにくくなれば、

サブリース会社は平気で、

「このところの景気の悪化で、賃貸市場も厳しくなっておりまして・・・。いいにくいのですが、家賃の契約内容を見直させていただきたいのですが・・・」

などと保証金額の変更を迫ってきます。

過去には、そんなサブリース会社の勝手を契約違反として訴えたオーナーも何人もいました。

しかし、その際に裁判所は、サブリース会社を支持する判断を下しています。

たとえば、２００３年にビルの賃貸借のサブリース契約に関する裁判が行われた際には、地裁から高裁を経て、最高裁まで争われました。

結果、「サブリース会社とオーナーの間で約束した賃料が社会環境（経済状態）の変化で、不釣合いとなった時には、契約の条件に拘らず、賃料の増減を請求できる」という判決が最高裁から出されています。

第1章で、勉強しない不動産オーナーは生き残れないと述べました。

無知は、しなくてもいい苦労や後悔を生むことになりますが、サブリース契約のからくりを知らずに、10年前、15年前に契約を結んだオーナーさんは、今まさに、自分の勉強不足を悔やんでいることと思います。

建ててから10年、15年という月日が経過し、「さあ、ここから家賃保証の本領発揮」というところになって、サブリース会社に多額の修繕費を請求されたり、保証家賃の大幅な値下げを持ちかけられることが多いからです。

ここで、「話が違うじゃないか」と怒っても、サブリース会社から「裁判で値下げ要求が認められている判例」を明示されれば、オーナーはなすすべがありません。


しかし、サブリース会社に腹を立てる前に、私たちはオーナーさんに冷静に考えてみてほしいのです。日本では今後、人口が減少し、空室リスクは上がり、家賃は低下してくことが見込まれています。

一方、サブリース会社といえども、入居者を強引に契約させるわけにはいきませんから、空室になれば得られる家賃はゼロです。

敏腕の客つけ営業マンが何人いたとしても、そんな商売を長い間続けることは、簡単ではないはずです。

賃貸経営がビジネスである以上、成功するためには、経済の基本に戻って考えることが大切です。経済の基本とは、需給バランスが保たれ、適正な家賃をいただける状態を作るということです。

残念ながら普通の賃貸マンションは、すでに需給バランスが崩れています。

そんな中で、「30年間満室保証」などというビジネスモデルが、将来にわたって成り立つでしょうか？

数千万円、数億円のお金が関係しているのです。他人にまかせきりにして、考えることをやめてはいけません。この先の賃貸市場で生き残るには、自分自身の目で現在とこれからのマーケットを認識することが重要です。

5 サブリース会社が破綻するというリスク

前の項目で、サブリース会社のビジネスモデルについてのリスクを述べました。

実際に、これまでサブリース会社が倒産した事例はいくつもあります。

建築費である程度の利益を確保してあるとはいえ、全国的に空室率がアップする中で、満額家賃の8～9割という家賃を保証するというビジネスモデルは、すでになりたたなくなっているのです。

仮に、契約しているサブリース会社が破綻した場合、貸主であるオーナーや、サブリースにより入居している入居者の方にどんなリスクや負担が生じるのでしょうか？

まず、オーナー側のリスクとしては、次のようなものがあります。

①サブリース会社が入居者から預かっているが、まだオーナーに振り込まれていなかった保証家賃が支払われない（この場合、未払い分を入居者に請求することはできない）

②サブリース会社の管財人との債権債務の手間が生じる

③入居者ともう一度契約を結びなおす必要がある。このとき、入居者が出て行ってしまうリスクがある

また、入居者サイドのリスクには、次のようなものがあります。

①敷金が返還されない可能性がある。加えて、オーナーとあらためて契約を結ぶ際に、もう一度敷金を求められることもありえる

②再契約をする必要が生じる

これらのリスクを防ぐ一つの方法として、敷金（預かり金）を「分別管理」しているサブリース会社を選ぶということがあります。これにより、敷金が戻らないというリスクはある程度、軽減されます。

とはいえ、当然ですが、サブリース会社の破綻後は、家賃保証はおこなわれません。

長期間の家賃保証をうたっていたとしても、その会社が倒産してしまえば元も子もないのです。

第5章　それでもあなたは賃貸マンションを建てますか？

1 リスクを知ることで知恵と工夫が生まれる

ここまでの内容を読んで、「賃貸マンションを建てようと思っていたけれど、やっぱりやめよう」と思った人もいるでしょう。

確かに、それもひとつの選択です。ゼネコンやハウスメーカーの話を聞いていると、「建てなければ損」というような気になりがちですが、「まず建てることありき」で考えてしまうと、正しい選択ができません。

ここまで述べたようなリスクをきちんと把握し、分析した上で、自分はどうすべきか、どうしたいのかをきちんと考えたとき、「やめる」という決断をする人がいるのは、自然なことといえるでしょう。

「本当に建てる必要があるのか?」

その答えを出すときにポイントとなるのが、「建てなければどうなるのか?」ということです。

A、得られるはずの家賃は失うかもしれないが、今ある何かを失う心配はない

B、このまま何もしなければ、相続税の支払い等で資産などの大切なものを失う可能性が高い

このふたつの場合、Aのケースではあえてリスクを負う必要がないかもしれません。

一方、Bの場合には、リスクがある中でもそれをヘッジしながら、真剣にマンション建築を検討することになる地主さんもいるでしょう。

私たちは、その決断までを否定するつもりはありません。

私たちが本当に伝えたいのは、「賃貸マンションなんて、絶対に建てないほうがいい」ということではなく、建てるならリスクを知った上で、知恵と工夫をこらす必要がある、ということです。

2 それでも「やめたほうがいい」と断言しない理由

第2章でも少し触れましたが、賃貸マンションを建てることは、相続税対策として効果的であるといえます。

私たちがこのように賃貸マンションを建てることの危険性を述べながらも、「やめたほうがいい」と断言しないのは、やはりこの部分が大きな魅力であることに間違いはないからです。

相続税から、逃げることはできません。さらに、相続対策に失敗すれば、相続の前と後とで人生が大きく変わってしまう可能性もありえます。

しかし、地主さんなどの中には、「資産はあってもお金はない」という方が多くいます。たくさんの資産を相続しても、それが買い手がないような土地や、空室だらけのアパートだったりすれば、そこから相続税を支払うことは簡単ではありません。

その結果、残念なことに、相続税の支払いに苦慮して地主さんが自殺してしまったり、お金のことでもめて家族がバラバラになってしまったりするケースが少なからず見られるのです。

しかも、相続税は今後、増税の方向で話が進められています。

そうなれば、ますます地主さんたちはその支払いに苦しめられることになります。

だからこそ、私たちは厳しい時代にあっても、賃貸マンションを建てることを選ぼうとする地主さんに反対はしないのです。

しかし、建てると決めたなら、絶対に勝ち残れるマンションにしなければなりません。「これからの大家さんには知恵と工夫が必要である」と何度も述べているのは、そのためです。

次の項目からは、「それでもマンションを建てる」という大家さんのために、知っておいてほしいことを紹介します。

3　工事費を5～10％増やせば売りのあるマンションができる

知恵と工夫をこらした賃貸経営とは、具体的にどのようなものなのでしょうか？

業績が低迷する日産自動車を立て直すために、カルロス・ゴーン氏が新社長に就任したときの話です。

あるとき、ゴーン氏が、日産の相模原工場を現場視察に訪れました。

設計担当者が、ピカピカの新車を指差して、

「これが来月発売される新車です」

というと、ゴーン氏はすかさず、

「この車の売りはなんですか？」

と質問しました。

その質問に対して、設計者はとっさに答えることができませんでした。

その様子を見たゴーン氏は、

「走りでもいいし、別の何かでもいいから、売りを作るべきだ。それを持たないまま車を作るから、日産はダメになった」

というようなことをいっていました。

これは、アパートやマンションでもまったく同じです。

第1章で述べたように、賃貸市場ではこれといった特徴のない物件の需給バランスがとくに崩れています。

第４章でサブリースについて厳しく書いた理由のひとつは、ハウスメーカーやゼネコンからサブリース契約とセットで提案される物件は、どれも似たような特徴のない物件になりがちだからです。

本来なら、マンションやアパートを建てるときは、その土地の特徴や、その地域に住んでいる人々の特性にあった間取りや設備などを考慮する必要があります。

にもかかわらず、「何もしなくてもサブリースで家賃が入ってくる」と思うと、オーナーは考えることをやめてしまい、営業マンにいわれるままに、何の特徴もない賃貸マンションを造ってしまうことになりがちです。

そこには、知恵も工夫も存在しません。その甘い判断が、中長期的にみた空室リスクを高めることにつながります。

話が少し飛びましたが、これからのマンション経営を勝ち抜くには、「ここにしかない価値」「隣のマンションにはない何か」を提供できる物件を造ることが不可欠です。

このような話をすると、

「でも、そのためにはお金がかかるんでしょう？　今はお金をかけても賃料に反映されにくい時代だから、そんなリスクのあることはできませんよ」

という人がいます。

しかし実際には、何もしないで普通の建物を建ててしまうことこそ、リスクなのです。

それに、私たちの経験上、物件の差別化をはかるためのコストは、工事費全体の5～10％ほどあれば十分です。首都圏でも空室率が15％を上回るような現状がある中で、その予算をかけた結果、稼働率が10％以上上がれば、すぐに元はとれます。

例をあげると、25平米程度のワンルームは、エレベーターやエントランスなどの共用部も含め、1戸にかかる建築費用が700万～800万円ほどになるのが通常です。20世帯あれば、1億4千万円が市場相場といえます。

７００万円の５％は、35万円です。この35万円で何ができるかというと、例えばミストサウナ付きのお風呂がつけられます。

ファミリーならともかく、ワンルームの賃貸でミストサウナ付きというのは、相当なインパクトがあるはずです。また、お風呂などの設備はあとから施工するとかなりの工事費がかかるため、少なくとも中古のマンションに真似をされることはありません。

ここではお風呂を例に挙げましたが、このほかにも入居者の心をひきつける方法は、いくつもあるはずです。

4 所有するより豪華な賃貸があってもいい

日本中に何の特徴もない賃貸マンションが増えた原因のひとつに、オーナー側の、

「賃貸なのだから、最低限の設備で十分だろう」

という意識があります。

10年ほど前の話です。ある賃貸マンションを建てる際に、ユニットバスを入れることになりました。そのユニットバスには追い炊き機能がついていたのですが、それを見た女性のオーナーが、追い炊き機能は必要ないのでもう少し安いユニットバスにしてほしいというのです。

その理由を尋ねると、「追い炊きなんて、贅沢でしょ」ということでした。

その答えに違和感を覚え、

「大家さんの家には追い炊き機能はないんですか？」

と聞くと、オーナーさんは少し怒った様子で、

「うちは付いているに決まってるでしょう」

と答えました。

彼女は完全に、「賃貸物件に住む人は、自分たちとは違う低所得者だ」という意識を持っているようで、その意識が、「この程度の設備でいいだろう」という発想につながっていたのです。

このような意識を持つオーナーさんは、いまだに多く存在します。

そのようなオーナーが建設会社と建築費の話をすると、コストを削る方向にしか話が進んでいきません。

オーナーの意向に逆らえない建設会社は、それを受けて、

「一部屋あたりの広さを小さくして、坪単価を上げましょう」

「オートロックをやめましょう」

「外壁のタイルをやめて吹き付けにしましょう」

というような提案をすることになります。

そうして造られた物件は、当初の予定とはかけ離れた陳腐なものになります。もちろん、この物件でしか得られない個性など、何もありません。

このような物件は、現在の３点ユニット（お風呂とトイレと洗面所が同じスペースにある

水回りユニット）のアパートが置かれている状態のように、いずれ、家賃をいくら下げても埋まらないという状態になっていくでしょう。

「人気のない3点ユニットと比べられたら困る」と思う人もいるかもしれませんが、20年前は3点ユニットの物件だって、どこも満室だったのです。

これから賃貸マンションを建てるなら、「分譲に比べて賃貸は劣るもの」という価値観を変える必要があります。

これは単なる理想論ではありません。人々の価値観が昔のように一律ではなくなった現在、分譲と同じ、もしくは分譲を上回るような品質の賃貸物件へのニーズは増えています。

現在は、月々10万円のローンで買えるローコストマンションに住むよりも、自分のものにはならなくても、毎月15万円の家賃を払って好みの賃貸物件に住む方を選ぶ人たちが多く存在する時代です。

また、家賃を経費で落とせる人たちに関していえば、マイホームを購入する層より収入が多いケースも珍しくありません。

この人たちの中には、家賃を自己負担する必要がないために、多少は高くても気に入った物件に住み、イヤならすぐに別の場所に移る、というようなライフスタイルを持っている人が一定数います。

いうなれば、彼らは家に縛られない生活をするために、能動的に賃貸物件に住むことを選択しているのです。このような人種は、50年前には存在していませんでした。

また、東日本大震災のあと、「持ち家は地震で被害にあったとき、ローンが残るからリスクが高い」という理由で、何かあったら気軽に引っ越せる賃貸を選ぶ人たちが増加傾向にあるようです。

つまり、現代は「家が買えない人たちが、賃貸に住む」という時代ではないのです。

そこに、勝ち残るためのヒントがあります。

5 お金をかける場所を間違ってはいけない

前の項目で、所有するより豪華な賃貸があってもいいと述べました。

ここで注意してほしいのは、5～10％の予算をかける場所を間違えないということです。例えば、第一印象をよくしようと考えて、部屋とのバランスを無視してエントランスだけを思い切り豪華にするという発想は危険です。

なぜなら、エントランスを見て、「わー、すごい」とワクワクした入居希望者が部屋の中に入り、何の変哲もない設備や内装を見てガッカリするということが考えられるからです。

そうなれば、当然、入居の申し込みにはつながらないでしょう。むしろ、逆効果になってしまうかもしれません。

大切なのは、「ここに住んだら楽しいだろうな」というようなイメージを湧き立たせる部分に、お金をかけることです。

「この大きなお風呂に入って、手足を伸ばしたら気持ちいいだろうなあ」

「このカラフルな壁紙の部屋で過ごしたら、なんだか毎日が楽しくなりそうだ」

「この広いベランダにプランターを置いて、植物を育てたら和むだろうなあ」

どこにコストをかけるかを考えるときは、このように入居者の毎日が豊かになることについて、意識的に焦点を当てる必要があります。

エントランスの例のように、そこを通り過ぎる瞬間だけ感激したとしても、部屋で過ごす肝心な時間にワクワクできなければ、意味がありません。

賃貸マンションは、あくまでも人間が住む場所です。この部屋での「暮らし」に何らかの楽しさや面白さをイメージしてもらうことができれば、入居者にとって魅力的な部屋になるのです。

6 短期間なら住んでみたいという賃貸住宅のニーズ

車好きにとってフェラーリは一度は乗ってみたい車です。

ただ、所有するとなると、購入費用はもちろん、維持費も莫大にかかるため、普通の人にとっては現実的ではありません。

しかし、もしもフェラーリを1カ月数十万円で貸し出すサービスがあれば、たくさんの人が借りたがるのではないでしょうか。

すでに、フェラーリやベンツ、ポルシェを借りられるレンタカーサービスは誕生していま す。これは、「買うことはできないけれど、一度は乗ってみたい」というユーザーのニーズに応えたものです。

住まいに関しても、これと同じようなことがいえます。

たとえば、一生住まう家を建てるときに、ログハウスを選ぶ人はあまり多くはありません。

しかし、

「ログハウスに一回住んでみたいと思いませんか？」
と聞くと、多くの人が
「それは面白そうですね。1回は住んでみたいです」
などと答えます。

つまり、フェラーリのレンタカーと同じように、「一生住むのは大変そうだけど、短期間なら住んでみたい」と思えるような建物へのニーズが、市場には存在するということです。

私たちが企画した賃貸マンションのひとつに、各戸に趣味を楽しむための専用スペースを設けた「ホビーズマンション」があります。

このマンションはサイクリストやコレクター、フラワーアレンジメントなどの趣味を持つ人たちのために、リビングからガラス越しに内部を眺められる趣味専用のスペースがあるのが特徴です。1階のホビースペースは、床がタイル貼りになっており、自転車やバイクを屋外からそのまま持ち込むことも可能です。

これらの設備を作るための費用は、先ほどの「上限で10％」というコストアップの範囲に、十分おさまります。

また、私たちは1階がガレージで、その上に住居が乗っている「ガレージハウス」という企画を提案したこともあります。こちらは、ポルシェなどの高級外車を持つ人たち向けのセカンドハウスとして造られました。

あまり知られていませんが、高級外車を持つ人たちは、自宅に駐車しておくと物騒なため、郊外にもう1軒セカンドハウスを持ち、その家のシャッターつきの車庫に車を停めていることが多いのです。

あるとき、相談を持ちかけられた土地が、このセカンドハウスにちょうどいい立地だったため、この企画を実行しました。その結果、徹底したマーケティングと企画力が受けて、ニッチな市場にもかかわらず、短期間で満室になりました。

絶対数は多くありませんが、このような車が大好きな人たちはどの時代にも必ず存在するため、今後も高い稼働率を維持することが予想されます。

様々なリスクがある中で賃貸マンションを建てるなら、このくらい思い切った発想を持つことが重要です。

「その家に住むことで、感動できる、楽しい時間がすごせる」

「どこにでもある普通のマンションではなく、自分のしたい暮らしを実現できる賃貸マンション」

そんな賃貸マンションなら、ライバルとの競争に巻き込まれないオンリーワン物件になることができます。

7 デザイン性の高さを標準仕様にする

大手の賃貸物件検索サイトのデータによれば、検索ランキングで最も人気の高いワードは「デザイナーズ」だそうです。

実際に、入居者の「カッコいい」「美しい」といった感性に訴えることができる物件は、多少賃料が高くても人気があります（ただし、第一章でも述べたように、デザインだけよくて住み心地の悪いものは不人気）

これは、裏を返せば「ここに住みたい」と思えるようなデザインのマンションが、簡単に見つからないということでしょう。

賃貸マンションも商品である以上、デザインをよくするのは当然です。それなのに、なぜ市場にそのようなマンションが少ないのでしょうか？

それは、あえてデザインに凝らなくても、これまでは何の問題もなく埋まっていたからです。

ただし、これからは今までのようにはいきません。デザインはよくて当然、そうでない物件は選ばれないという時代はすでに来ています。

「そういわれても、デザインにお金をかける余裕はないよ」

という方もいるかもしれません。

しかし、デザインにお金がかかるという考えは誤解です。

プロの力を借りず、ちょっとしたアイディアひとつで、デザイン性を高めることは、そう難しいことではありません。

例えば、賃貸マンションの外壁のタイルを決めるとき、上から下まで同じものを選択するオーナーがほとんどです。ここに少し工夫を加えて、途中に別のタイルや石を張るだけでも、印象はかなり変わります。

また、キッチンの周りに張るタイルを決める時、

「どれにしますか？」とカタログを見せられ、

「じゃあ、これにします」と条件反射的に1種類のみを選んでしまうオーナーが多いのも疑問です。

そこで大切なのが、「どうしたら格好よくなるか」という発想を持つことです。カタログの同じページにある白いタイルと赤いタイルと黒いタイルを選び、「全面に白を張り、アクセントでここここに赤と黒を入れてくれますか？」という指示を出してもいいのです。カタログの同じページの中なら、コストは変わらないはずです。

また、デザインを入居者に選んでいただくというのも差別化になります。

例えば、入居希望者に対して、「好きな壁紙の色を選んでいただけます」という仕組みを作るだけで、ほかの物件では得られない楽しみを入居者に与えることができます。

今後はデザインがいいだけでは、賃料は上げられなくなってきます。デザインはよくて当たり前、その上でプラスアルファの特徴を持つことが重要なのです。

ここで注意したいのが、流行のデザインは年々変わるということです。

たとえば、80年代後半には見るからに贅沢な雰囲気の豪華なデザインが人気でした。しかし、現在は見た目よりも、無垢のフローリングを使うなどのナチュラルな質感のよさが求められています。これを知らずに少し前の流行を追いかけてしまうと、かえって古臭い印象を与えてしまい、イメージを落とすことになります。

また、トレンドは最先端を行く人、その次の層、そして大衆の三層に分かれて構成されますが、賃貸市場では、あえて2番目の層にターゲットを定めるのもポイントです。突っ走りすぎるよりも半歩先を行くくらいのほうが、普通の人には魅力的に映るからです。

8　ターゲットに情報を届ける仕組みはあるか？

いくら「ここにしかない価値」を提供できる物件でも、それが入居希望者に伝わらなければ、満室になることはとうてい不可能です。

先に紹介したログハウスやガレージハウスの募集図面を、駅前の仲介業者に持ち込んでも、本当の価値を理解してもらうことはできません。

駅前からの距離や築年数など、一般的な条件を基準にして部屋を案内している人たちから見れば、物件の特性など、たいした意味はないのです。

一般の仲介業者さんはその物件のよさを見ないで、

「平米数のわりに高いですね」

「駅からけっこう距離があるから、値段を下げないと決まりませんよ」

などと平気で値下げ交渉をしかけてくるでしょう。

このような人たちに客付けをまかせていたら、ターゲットとする人たちに、情報を届けることはできません。

そこで重要になるのが、売りのある物件を造ると同時に、物件の存在をターゲットに知ってもらう仕組みをきっちりと活用できるようにすることです。

たとえばガレージハウスを建てたとき、インターネットで、「ガレージハウス」と打ち込むと、自分のアパートがトップページに出てくるような仕組みがあれば、そのサイトから直接、入居希望者を募ることができ、空室期間の短縮に役立ちます。

建築会社は、建てたあとのことまで、面倒を見てはくれません。

しかし、家賃はマンションからではなく、入居者の財布から出ているのです。

肝心なのは、家賃を払ってくれる入居者を呼び込む工夫をすることです。

今後、パートナーを選ぶなら、マンションを建てた上で、ターゲットに情報を届け、きちんと満室にする仕組みを持つ会社を選ぶことが重要といえます。

9 理想は「引っ越してでも住みたくなる家」

ここまで、「ここに住みたい」と思ってもらえるような特徴のある物件を造ることの重要性を述べてきました。

ここで気をつけたいのが、その特徴について考えるとき、

「差別化のために、どんな付加価値をつけるか？」

「高い家賃をいただくために、どうすればいいのか？」

と考えるのではなく、

「稼働率を10％上げるために何をすれば効果的か？」という発想から入るということです。

いくら差別化できても、家賃が上がっても、稼働率が上がらなければ意味がないからです。

首都圏でも空室率が二桁で推移する時代です。賃料は相場と同じでも、稼働率が10％上がればそれだけ利益は増加します。

しっかりとしたマーケティングをおこない、稼働率が10％アップすることを前提にできる

なら、工事費に余裕が生まれ、大胆な発想をすることも可能になります。

そして、この部屋でなければこの暮らしは得られないという価値を提供できると、その部屋に住むために、わざわざ他の物件から引っ越してくるという入居者が現れます。

日本には、数多くのラーメン店がありますが、経営していくのがやっとという店もあれば、連日、長い行列ができてにぎわっている店もあります。

賃貸マンションも同じです。

マクロ的に見て人口が減少する時代においても、自分の物件に住みたい人たちが集まってくれば、空室率や家賃低下に悩まされることはなくなります。

「今、引っ越す必要はないけれど、こんな家があるんだったらぜひ引越したい」そう思わせる商品づくりこそ、今後の賃貸物件に求められるものといえるでしょう。

10 コンサルティングパートナーの必要性・重要性

「自分も、入居者が引っ越してきたくなるような賃貸マンションをぜひ建てたい。けれど、どうしたらいいかわからない」

そんな人は、これまで述べたように、利害関係を挟まない第三者的な立場の人や会社からアドバイスをもらうことが大切です。

その選択肢のひとつが、良いコンサルティングパートナーに協力をあおぐということです。

では、良いコンサルティングパートナーとは、どんなパートナーなのでしょうか。

まず、大切なのは、前に述べたように「ひもつき」ではないということです。

この点については、過去の実績を確認することである程度はわかります。いくつも案件があるのに、すべて建物を建てている場合は、何らかのバイアスがかかっていると考えられるでしょう。

過去の実績という意味では、借地の扱いや、立ち退きにいたるまで、さまざまな経験のある会社は、能力が高いといえるでしょう。コンサルティング会社の看板を上げていながら、「立ち退きは他に任せています」というのでは、話になりません。

さらにコンサルタントが、税理士、弁護士、建築士、宅建業、ファイナンシャルプランナー、保険業、これらの専門家の6割の知識を持っていれば理想的です。

また、別の見方として、相手からの提案が、オーナーに対してのものなのか、相談した土地に対してのものなのか、という点にも注目してみるといいでしょう。

オーナーの側に立つなら、オーナーの家族構成や各自の年齢、土地以外の資産背景など、すべての情報を得た上で、最もメリットのある方法を導き出そうとするはずです。

「相続人はどなたがいるんですか？」

「それぞれの関係は良好ですか？」

オーナーの利益を考えるなら、そのような質問が出るのが通常です。

「息子が2人いるが、その2人の仲がよくないんだよ」

という情報を得られれば、1棟だけ残すともめそうだから、2棟建てたほうがよさそうだ、というような提案が出されるかもしれません。

また、短期的な資産運用の話だけでなく、二次相続のことまで考えた提案をしてくれるかどうかも、重要な点といえるでしょう。

第2章で述べたように、一般的な土地活用の相談相手とされている人たちは、それぞれの都合で提案が異なり、どこも一長一短というのが現実です。

大切な資産と家族の幸せを守るには、複雑に絡み合う資産背景や、依頼者の事情などを考慮した上で、第三者的な立場から全体を俯瞰し、一本の横串を通せる存在が不可欠です。

あなたの相談相手は、時間軸を考え、依頼主の家族の関係や次世代についても考慮でき、さらに特徴のある賃貸マンションを提案することができるでしょうか？

そんなコンサルティングパートナーに出会うことができれば、人生はより豊かで幸せなものになっていくはずです。

◆おわりに　何のためのマンション経営か？

ここまで、厳しくなる市場と、その中で生き抜くためのポイントについて述べてきましたが、いかがでしたでしょうか？

私たちがこの本を書くことにしたのは、あまりにも無策のまま賃貸マンションを建てる地主さんや不動産オーナーさんが多い現状に、「今、なんとかしなければ、不幸になる人が増える一方だ」という危惧を抱いたからです。

これまで、マンション経営や不動産投資について語られるとき、書籍でもセミナーでも、そのメインは「経済効率」でした。しかし、多くのオーナーが経済効率のみを追求した物件を増やした結果が、現在の厳しい状況を生み出しました。

私たちは、今一度、改めて考えてみる必要があると思うのです。

「賃貸経営における本来の目的は、どこにあるのか？」と。

きっと、そこには家族の幸せだったり、生きがいだったり、人助けだったりという金銭的な目的以上に、大きな想いがあるはずです。

私たち「賃貸創造研究所」は、オーナーの利益とは、オーナーファミリーの利益だと考えています。

これまでのコンサルティング会社は経済性だけを追求するあまり、ややもすると馬鹿息子を作ることになりかねないような提案をしてきました。

必要以上に不動産にお金を生ませたことが原因で、子供が働かなくなったという笑えない話が全国に溢れています。大金を手にしたことがきっかけでもめ事が生じて、仲の良かった家族がバラバラになってしまうような話も珍しくありません。

お金は人を幸せにすることができる道具であると同時に、人を狂わせることもあるのです。コンサルタントは、その点もわかった上で、お金と幸せのバランスがちょうどよくなるような提案をする必要があるのではないでしょうか？

私たちが経験したひとつの事例を紹介しましょう。

あるとき、相続で5000万円近い税金を支払わねばならなくなった男性が、相談に訪れました。

最初、この方の口から出たのは、「仕方がないから、持っている不動産を売却しようと思います」という言葉でした。

そこで、「わかりました」といって売却のお手伝いをすれば、手数料が私たちの利益になります。しかし、私たちは、

「ちょっと待ってください。その前に、まずは資産背景を全部教えてください」

とお願いしました。

相続対策では、全体を見て、なすべきことを考えることが重要です。急いで不動産を売却し、相続税を支払うことができても、それがその時点でベストな選択かどうかはわかりません。

そして調べてみると、その方の事業収入が極端に少ないことが判明しました。

仕事は自営業でソバ屋さんだったのですが、確定申告をみると、利益は年間100万円程度なのです。生活の主な収入源は、隣にある駐車場から入る月々50万円程の売り上げでした。

ソバ屋さんは、相続税の資金を作るために駐車場を売却しようとしていました。しかし、

それではその後の生活が成り立たなくなってしまいます。

結局、この方は私たちの提案で、土地を担保にマンションの建築費と相続税の資金分の融資を受け、5階建てのマンションを造りました。その結果、土地を売らずに相続税を無事に納めることができ、さらに、月々100万円程度のキャッシュフローを得る状態になりました。

すると、ソバ屋さんは、お金に対する価値観が変わってしまったようです。

「マンション経営って儲かりますね。今度、自宅もソバ屋もつぶして、もう一棟マンションを建てようと思います」

といい出しました。

もちろん、私たちは反対しました。

その家には、当時、お店を手伝っている20代の息子さんがいたからです。

ソバ屋をつぶせば、息子さんの未来はどうなるのでしょう。職場をなくし、賃貸マンションからの多額の収入を得るようになれば、左団扇のダメ息子ができあがってしまうかもしれません。

「まずは、ソバ屋さんの経営を立て直すことが先決ではないですか？　せっかく息子さんに継ぐ意思があるのに、年間１００万円では長く続きませんよ」

そう私たちが返事を返すと、そのソバ屋さんは、

「じゃあ、いいよ」

といい、そこからしばらくの間、連絡が途絶えてしまいました。


半年程経過した頃、久しぶりに連絡がありソバ屋さんを訪ねると、そこには建築会社の提案書が３つ並んでいました。

ソバ屋さんはいいました。

「おたくが受けてくれなかったから、建ててくれるところを探したら3つほどいいところがあったよ。どこがいいか、見てくれないか」

提案書を見てみると、やはり、数年で空室だらけになりそうな提案ばかりです。これは放っておいたらこの家族が大変なことになる、と結局、私たちが2棟目のマンション建築をお手伝いすることになりました。

そのときに最も留意したのが息子さんの気持ちです。私たちは息子さんとじっくり話しあう時間を設け、息子さんのお店を続けたいという意思を確認した上で、1階が店舗でその上

がマンションという建物を提案しました。

途中、息子さんと一緒に行列ができるラーメン屋さんに出かけてリサーチしたり、おいしいソバを作るためにはどうしたらいいのかについて話し合ったりもしました。

経済効率を考えれば、年間100万円しか儲かっていないソバ屋を残すより、一階にテナントを入れて賃料を得たほうがいいのはわかりきっています。

しかし、不動産は人間が生きる場所であり、人が成長する場所でもあります。

そこで私たちは、家族みんながちょうどいい豊かさと生きがいを手に入れられるよう、1階にソバ屋さんを残したマンションを建てたのです。

その後、息子さんが経営の中心となり、ソバ屋さんの経営は少しずつ上向いているといいます。その金額は決して大きくありませんが、なんとか店を成功させようと奮闘する息子さんの様子に、ご両親は「店を残してよかった」と満足そうに話してくださいました。

このように、不動産は人間の人生と密接に結びついています。まず人間ありき、生き方ありきで考えるべきであり、お金との優先順位を間違えてはいけません。

家族のしあわせを考慮して、資産活用を考えるなら、土地だけを見て、

「うちでマンションを建てれば、毎月これだけの利益が出ますよ」

と、何の特徴もないマンション建設をすすめることなどありえないはずです。

本書の中で繰り返し述べてきたように、賃貸氷河期は、年を追うごとに厳しさを増していきます。

それでも賃貸マンションを建てるなら、真剣に勉強して下さい。それが難しいなら、信頼できるコンサルティングパートナーを選びましょう。

そして、もしその相手が見つからないときは、どうぞ私たちにご相談ください。

賃貸マンション経営で失敗するオーナーさんを一人でも減らし、オーナーさんとご家族の幸せをサポートすること、それが私たちの心からの願いです。

２０１１年夏

賃貸創造研究所

Designer's

se

Garage hou

sion
EXTR
HEALT

Hobby's ma

●著者紹介
賃貸創造研究所(ちんたいそうぞうけんきゅうしょ)
○1997年、ハウスメーカーでもない、建築会社でもない、設計事務所でもないニュートラルな立場から、不動産オーナーに最大限のメリットを提供するコンサルティング組織として設立。
○宅地建物取引主任者、一級建築士、ファイナンシャルプランナー、不動産コンサルティング技能士など、複数の有資格者が在籍し、不動産(資産)の価値と可能性を多面的な角度から把握できる強みを持つ。
○都心在住のスポーツカー愛好家がセカンドハウスとして利用する「ガレージハウス」、趣味を楽しむための専用スペースを設けた「ホビーズマンション」など、土地の特性と需要に沿った個性的な賃貸物件を多数プロデュースした実績を持ち、そのいずれもが高い入居率を維持している。

東京都港区南青山5-10-1　Tel 03-5466-8855
URL http://www.csk-inc.com/

賃貸氷河期
〜それでも賃貸マンションを建てますか?〜

初版発行　2011年7月20日
2版発行　2012年2月25日

著　　者　株式会社賃貸創造研究所
発 行 者　河西　保夫
発 行 所　株式会社クラブハウス
〒107-0062　東京都港区南青山5-17-2
TEL 03-5766-5514(代)
FAX 03-3498-5340
編　　集　加藤　浩子(オフィスキートス)
デザイン　中畑　恵子(スタジオフリーク)

ISBN978-4-906496-45-7